周易外传

〔清〕王夫之 ◇ 撰

中华书局

目　录

前　言

　　王夫之(一六一九——一六九二年)字而农,号姜斋,又号船山先生,湖南衡阳人,是我国明末清初的进步思想家。周易外传是他的一部重要哲学著作。本书写作于一六五五年(清顺治十二年),那时明王朝已经覆亡,王夫之也屡遭险阻,先是在衡阳举兵抗清,失败后奔赴广西参加南明永历政权,又受到当权者的排挤陷害,被迫于一六五二年回到湖南,在零陵、常宁和兴宁一带过着艰苦的流亡生活。王夫之在周易内传发例跋中,曾自叙研究周易和写作本书的经过说:"夫之自隆武丙戌始有志于读易。戊子避戎于莲花峰,益讲求之。初得'观卦'之义,服膺其理,以出入险阻而自靖,乃深有感于圣人画象、系辞,为精义安身之至道,立于易简以知险阻,非异端窃盈虚消长之机,为翕张雌黑之术,所得与学易之旨也。乙未,于晋宁山寺始为外传。"文中所说的丙戌,是一六四六年,也就是汀州陷落,唐王被执的那一年。戊子是一六四八年,是他在衡阳抗清失败后,奔赴肇庆的那一年。乙未是一六五五年,即从广东返归湖南后,避难于山中的一年。本书是他关于周易研究的第一部著作。除此之外,他还陆续写有周易内传、周易大象解等。

在本书中,王夫之采取传统的传注形式,对于周易的体系做了改造,精细而深入地吸收和阐发了周易哲学中所包含的合理思想,并结合自己的实践经验和历史知识做了重要的发展,从而把我国唯物主义和辩证法的思想传统推进到一个新的水平。

这次整理用一八六五年(清同治四年)金陵(今南京)刻船山遗书本为底本,参照周调阳用嘉恺抄本(时代早于金陵刻本)对勘写的校勘记,及一九三三年上海太平洋书店排印本,进行了校勘,并标点、分段。其中,主要做了以下几项工作:

一、底本的错字、衍文仍保留,用小字排,外加( )号;改、补的字,外加〔 〕号。但底本有意删节而作□□的字,及因所据本字迹不清而空缺的字,则直接据嘉恺抄本填充,不加符号。凡据嘉恺抄本改补的,一律不出校记;底本不误而抄本误的,也不再说明。少数由我们根据上下文意义或与其他古籍对勘而改补的,在当页末出校记,说明改动原因。

二、有些异体字、古体字、通假字,改成现在通用的字。避讳字(如孔丘的丘原书作邱)也尽可能予以改正。

三、同一标题之下有两篇或两篇以上论说的,加一、二、三、四的编号。

中华书局编辑部

周易外传卷一

乾

一

道,体乎物之中以生天下之用者也。物生而有象,象成而有数,数资乎动以起用而有行,行而有得于道而有德。因数以推象,道自然者也,道自然而弗借于人;乘利用以观德,德不容已者也,致其不容已而人可相道。道弗借人,则人与物俱生以俟天之流行,而人废道;人相道,则择阴阳之粹以审天地之经,而<u>易</u>统天。故乾取用之德而不取道之象,圣人所以扶人而成其能也。盖历选于阴阳,审其起人之大用者而通三才之用也。天者象也,乾者德也,是故不言天而言乾也。

且夫天不偏阳,地不偏阴;男不偏阳,女不偏阴;君子不偏阳,小人不偏阴。天地,其位也;阴阳,其材也;乾坤,其德也。材无定位而有德,德善乎材以奠位者也,故曰"天行健"。行,则周乎地外、入乎地中而皆行矣。岂有位哉?是故男德刚而女德柔,君子德明而小人德暗。男女各有魂魄,君子小人各有性情。男不无阴,而以刚奇施者,其致用阳;女不无阳,而以柔偶受者,其致用阴。是故易之云乾,云其致用者而已。

由此言之,君子有情而小人有性,明矣。故小人之即于暗也,岂无颖光不昧、知惭思悔之时哉? 此则乾之丽于小人者未尝绝。惟恃其自然,忘其不容已,则乾不绝小人而小人绝乾,故易于小人,未尝不正告焉。穆姜筮占四德而惧,其验也。六阳之卦为乾,乾为天,易不云"天"而云"乾",用此义也。

或曰:"男不偏阳,女不偏阴,所以使然者天地。天不偏阳,地不偏阴,所以使然者谁也?"

曰:道也。

曰:"老氏之言曰:'有物混成,先天地生。'今曰'道使天地然',是先天地而有道矣;'不偏而成',是混成矣。然则老子之言信乎?"

曰:非也。道者,天地精粹之用,与天地并行而未有先后者也。使先天地以生,则有有道而无天地之日矣,彼何寓哉? 而谁得"字之曰道"? 天地之成男女者,日行于人之中而以良能起变化,非碧霄黄垆取给而来觊之,奚况于道之与天地,且先立而旋造之乎?

若夫"混成"之云,见其合而不知其合之妙也。故曰"无极而太极",无极而必太极矣。太极动而生阳,静而生阴,动静各有其时,一动一静各有其纪,(于)〔如〕是者乃谓之道[一]。今夫水谷之化为清浊之气以育荣卫,其化也合同,其分也纤悉,不

〔一〕"如"原作"于",据文义改。本书"如""于"多互误。

然则病。道有留滞于阴阳未判之先而混成者,则道病矣,而恶乎其生天地也?

夫道之生天地者,则即天地之体道者是已。故天体道以为行则健而乾,地体道以为势则顺而坤,无有先之者矣。体道之全,而行与势各有其德,无始混而后分矣。语其分,则有太极而必有动静之殊矣;语其合,则形器之余终无有偏焉者,而亦可谓之"混成"矣。夫老氏则恶足以语此哉!

故圣人见道之有在于六阳者,而知其为乾之德。知其德之乾,则择而执之以利用,故曰"君子行此四德者,故曰'乾元亨利贞'"也。

二

"贞"者,"事之干"也,信也。于时为冬,于化为藏,于行为土,于德为实,皆信也。然则四德何以不言智乎?

彖云"大明终始,六位时成",则言智也。今夫水,火资之以能熟,木资之以能生,金资之以能莹,土资之以能浃。是故夫智,仁资以知爱之真,礼资以知敬之节,义资以知制之宜,信资以知诚之实;故行乎四德之中,而彻乎六位之终始。终非智则不知终,始非智则不知始。故曰"智譬则巧也",巧者圣之终也;曰"择不处仁,焉得智",择者仁之始也。是智统四德,而遍历其位,故曰"时成"。各因其时而借以成,智亦尊矣。

虽然,尊者非用,用者非尊。其位则寄于四德,而非有专位也。今夫水,非火则无以济,非木则无以屯,非金则无以节,非土则无以比。是故夫智,不丽乎仁则察而刻,不丽乎礼则慧而轻,不丽乎义则巧而术,不丽乎信则变而谲,俱无所丽则浮荡而炫其孤明。幻妄行则君子荒唐,机巧行则细人掉阖。故四德可德,而智不可德;依于四德,效大明之功,而无专位。故曰"君子行此四德者",知而后行之,行之为贵,而非但知也。

惟不知此,故老氏谓上善之若水,而释氏以瓶水青天之月为妙悟之宗。其下者则刑名之察,权谋之机,皆崇智以废德。乃知大易之教,为法天正人之极则也。子曰:"逝者如斯夫,不舍昼夜。"夫逝者逝矣,而将据之以为德乎?

三

先儒之言"元"曰:"天下之物,原其所自,未有不善。成而后有败,败非先成者也;有得而后有失,非得而何以有失也?"

请为之释曰:"原其所自,未有不善",则既推美于大始矣。抑据成败得失以徵其后先,则是刑名器数之说,非以言德矣。

文言曰:"元者,善之长也。"就善而言,元固为之长矣。比败以观成,立失以知得,则事之先,而岂善之长乎?彖曰:"大哉乾元,万物资始。"元者,统大始之德,居物生之先者也。成必有造之者,得必有予之者,(矣)〔已〕臻于成与得矣,是人事之究竟,岂生生之大始乎?

有木而后有车,有土而后有器,车器生于木土,为所生者为之始。揉之斫之,埏之埴之,车器乃成,而后人乃得之。既成既得,物之利用者也,故曰"利物和义"。成得之未败失者,利物之义也。

夫一阴一阳之始,方继乎善,初成乎性。天人授受往来之际,止此生理为之初始,故推善之所自生,而赞其德曰"元"。成性以还,凝命在躬,元德绍而仁之名乃立。天理日流,初终无间,亦且日生于人之心。惟嗜欲薄而心牖开,则资始之元亦日新而与心遇,非但在始生之俄顷。

而程子"鸡雏观仁"之说,未为周遍。要其胥为所得所成之本原,而非从功名利赖之已然者争败失之先,则一也。意者,立成败得失之衡,以破释氏之淫辞邪?则得之尔矣。

释氏之言,销总、别、同、异、成、坏之六相,使之相参相入,而曰"一念缘起无生"。盖欲齐成败得失于一致,以立真空之宗。而不知败者败其所成,失者失其所得,则失与败因得与成而见,在事理之已然,有不容昧者。故奖成与得,以著天理流行之功效,使知败与失者,皆人情弱丧之积,而非事理之所固有,则双泯理事、捐弃伦物之邪说不足以立。虽然,于以言资始之"元",则未也。

是故合成败、齐得失以为宗,释氏"缘起"之旨也。执成败、据得失以为本,法家"名实"之论也。执其固然,忘其所以然,而天下之大本不足以立;以成为始,以得为德,而生生之仁不著。吾惧夫执此说者之始于义而终于利矣。

夫功于天下,利于民物,亦仁者之所有事。而以为资始之大用即此在焉,则"享其利者为有德";亦且不知君子正义明道之志,未尝摈失与败而以为非道之存,况天之育万物而非以为功者哉!"元"者,仁也,"善之长"也,君子之以长人者也。成败得失,又奚足论之有!

四

易之有位也,有同异而后有贵贱,有应感而后有从违。若夫乾,则六阳均而成象者也。合六如一,不见其异;六均一致,不相为感;故曰"大明终始"。终始不殊,六龙皆御矣。

惟既已成乎卦也,则亦有其序也。不名之为贵贱,而名之曰先后。先后者时也,故曰"六位时成"。君子之安其序也,必因其时。先时不争,后时不失,尽道时中以俟命也。

乃均之为龙德,则固不可得而贵贱之。初者,时之"潜"也;二者,时之"见"也;三者,时之"惕"也;四者,时之"跃"也;五者,时之"飞"也;上者,时之"亢"也。一代之运,有建、有成、有守;一王之德,有遵养、有戡伐、有耆定;一德之修,有适道、有立、有权;推而大之,天地之数,有子半、有午中、有向晦;近而取之,夫人之身,有方刚、有既壮、有已衰:皆乾之六位也。故象曰"君子以自强不息",勉以乘时也。

然则初之"潜龙",其异于蛊之"高尚"、遁之"肥"明矣。太王剪商以前,公刘迁豳以后,周之潜也。十三年之侯服,武之潜也。而不特此。礼所自制,乐所自作,治所自敷,教所自立,未有事而基命于宥密,终日有其潜焉。有其"潜",所以效其"见"也。

若秦之王也,穆、康以来,献、武以降,汲汲于用,以速其飞,而早已自处于亢。当其潜而不能以潜养之,则非龙德矣。非龙德而尸其位,岂有幸哉!故初之"勿用",天所以敦其化,人所以深其息。故曰"君子以成德为行,日可见之行",此之谓也。

五

天以不远物为化，圣人以不远物为德，故天仁爱而圣人忠恕。未有其德，不能无歉于物；有其德者，无所复歉于己。初之为潜，龙德成矣。龙德成而有绝类于愚贱之忧，则大而化者二之功，迩而察者将毋为二之所不(屑)〔用〕也？虽然，彼龙者岂离田以自伐其善哉！故曰"见龙在田"。

王道始于耕桑，君子慎于袺襘。尸愚贱之劳，文王所以服康田也。修愚贱之节，卫武所以勤洒扫也。故天下蒙其德施，言行详其辨聚，坦然宽以容物，温然仁以畜众，非君德，谁能当此哉！位正中而体居下，龙于其时，有此德矣。然则驰情于玄悦，傲物以高明者，天下岂"利见"有此"大人"乎？

六

九四之跃，时劝之也；九五之飞，时叶之也；上九之亢，时穷之也。若其德之为龙，则均也。夫乾尽于四月而姤起焉，造化者岂以阳之健行而怙其终哉？时之穷，穷则灾矣。然而先天而弗违，则有以消其穷；后天而奉时者，则有以善其灾。故曰"择祸莫如轻"。知择祸者，悔而不失其正之谓也。

朱、均之不肖，尧、舜之穷也；桀、纣之丧师，禹、汤之穷也。尧、舜不待其穷，而先传之贤以消其穷，灾不得而犯焉。禹、汤之持其穷也，建亲贤，崇忠质。不能使天下无汤、武，而非汤、武则夏、商不亡，终不丧于夷狄、盗贼之手。景毫之命，宗周之步,犹禹、汤进诸廷而授之矣。

三代以下,忌穷而悔,所以处亢者失其正也。而莫灾于秦、宋之季。秦祚短于再传,宋宝沦于非类。彼盖詹詹然日丧亡之为忧,而罢诸侯,削兵柄,自弱其辅,以延夷狄、盗贼,而使乘吾之短垣。逮其末也,欲悔而不得,则抑可为大哀也已!呜呼!龙德成矣,而不能不亢,亢而不能不灾。君子于乾之终,知姤之始,亦勿俾嬴豕之蹢躅交于中国哉!

七

天积日以为岁功,岁功相积而德行其中。然期三百六旬之中,擅一日以为之始,则万物听命于此一日,德以有系而不富矣!且一日主之,余日畔之,一日勤之,余日逸之,其为旷德,可胜言哉!

夫"用九"者,天行之健,不得不极,故其策二百一十有六,自冬至子初授一策,以极于大暑后之四日,夏功成,火德伏,而后天之施乃讫焉。则前乎此者,虽夏至当上九之亢,而乾行固未息也。故坤不逮期之半,而乾行过之。其刚健精粹、自强不息者,六爻交任其劳而不让,二百一十六策合致其能而不相先。群龙皆有首出之能,而无专一之主,故曰"天德不可为首",明非一策一爻之制命以相役也。

然则一元之化,一代之治,一人之生,一善之集,一日之修,一念之始,相续相积,何有非自强之时,可曰"得其要而不劳,择其胜而咸利"乎?故论必定于盖棺,德必驯于至极,治必臻于累仁。用九之吉,吉以此尔。

自老氏之学以居锝处后玩物变而乘其衰,言易者惑焉,乃曰"阳刚不可为物先"。夫雷出而华荣,气升而灰动,神龙不为首而谁为首乎? 德不先刚,则去欲不净;治不先刚,则远佞不速。妇乘夫,臣干君,夷凌夏,皆阳退听以让阴柔之害也,况足以语天德乎!

八

"知至至之,知终终之。"大哉! 易不言中而可绎矣。夫离"田"而上即"天"也,离"天"而下即"田"也。出乎田,未入乎天,此何位乎? 抑何时乎? 析之不容毫发,而充之则肆其弥亘。保合之为太和,不保不合则间气乘,而有余、不足起矣。乘而下退,息于田而为不足;乘而上进,与于天而为有余。不足则不可与几,有余则不可与存义。勉其不足之谓文,裁其有余之谓节。节文著而礼乐行,礼乐行而中和之极建。是故几者所必及也,义者所必制也。人为之必尽,一间未达而功较密也。天化之无方,出位以思而反失其素也。舍愚不肖之偷,而绝贤知之妄,日夕焉于斯,择之执之,恶容不"乾乾""惕若"哉!

夫九三者功用之终,过此则行乎其位矣。功用者我之所可知,而位者我之所不可知也。功用者太和必至之德,位者太和必至之化也。德者人,化者天。人者我之所能,天者我之所不能也。君子亦日夕于所知能,而兢兢焉有余、不足之为忧,安能役心之察察,强数之冥冥者哉! 此九三之德,以固执其中,尽人而俟天也。

若释氏之教,以现在为不可得,使与过去、未来同消归于幻妄,则至者未至,而终者杳不知其终矣。君子服膺于*易*,执中以自健,舍九三其孰与归!

坤

一

太极动而生阳,静而生阴。动者至,静者不至。故乾二十四营而皆得九,九者数之至也;坤二十四营而皆得六,六者数之未至也。数至者德亦至,数未至者德有待矣。德已至,则不疾不速而行固健。德有待,则待劝待勉而行乃无疆。固健者不戒而行,调其节而善之,御之事也。无疆者从所御而驰焉,马之功也。天以气而地以形,气流而不倦于施,形累而不捷于往矣。阳以乐而阴以忧,乐可以忘其厉而进,忧足以迷其方而退矣。则坤且凝滞裴回,而几无以荷承天之职也。故*易*之赞坤,必赞其行焉。

夫坤何为而不健于行也? 流连其类而为所系也。西南者,坤之都也,堕山峻巇之区也。据中国言之。君子之言,言其可知者而已。坤安其都而莫能迁矣。自然不能迁。且乾气之施左旋,自坎、艮、震以至于离,火化西流以养子而土受其富,则坤又静处而得陨天之福矣。其随天行以终八位而与天合者,兑之一舍而已,又祇以养其子也。土生金。天下有仰给于彼,自保其朋,饮食恩育,不出门庭而享其宴安者,足以成配天之大业者哉?

是故君子之体坤也,乾化施而左,则逆施而右以承之。其

都不恋,其朋不私,其子不恤,反之于离以养其母。凡四舍而
至于东北之艮。艮者,一阳上止,阂坤而不使遂者也。坤至
是,欲不弃其怀来而不得矣。

夫阳之左旋也,艮抑阴而止之,震袭阴而主之,离闲阴而
窒之,将若不利于阴,而阴且苦其相遇而不胜。然闲之使正,
袭之使动,抑之使养其有余,则亦终大造于阴。故陨天之福为
阴庆者,非阴所期也,而实甘苦倚伏之自然。使阴惮于行而怀
土眷私,仅随天以西旋于兑,亦安能承此庆于天哉? 则坤之
"利牝马"者,利其行也;君子之以"丧朋"为庆者,庆其行也。

夫地道右转,承天之施,以健为顺,盖亦坤德之固然。而
易犹申之以戒者,为"君子攸行"言之也。六三之"或从王事",
义犹此尔。内卦体具而坤德成矣,犹乾德之成于"乾乾","至"
至此而"终"终此也。四以上,坤之时位矣。

二

气数非有召而至,阴阳不偏废而成。然则易言"履霜",而
圣人曰"辨之不早",使早辨之,可令无霜而冰乃不坚乎? 则可
令大化之有阳而无阴乎?

曰:霜者露之凝也,冰者水之凝也,皆出乎地上而天化之
攸行也。涸阴沍寒,刑杀万物,而在地中者水泉不改其流,草
木之根不替其生,蛰虫不伤其性,亦可以验地之不成乎杀矣。
天心仁爱,阳德施生,则将必于此有重怫其性情者。乃逊干空
霄之上,潜于重渊之下,举其所以润洽百昌者听命于阴,而惟
其所制,为霜为冰,以(划)〔戕〕品汇,则阳反代阴而尸刑害之

怨。使非假之水以益其威,则开辟之草木虽至今存可也。治乱相寻,虽曰气数之自然,亦孰非有以致之哉?故阴非有罪而阳则已憝,圣人所以专其责于阳也。

先期不听于子羽,则锺巫不弑。爵禄不偏于宋公,则子罕不僭。宫中无"二圣"之称,则武曌不能移唐。燕、云无借师之约,则完颜、蒙古不能蚀宋。阴之干阳,何有不自阳假之哉?辨之早者,自明于夫妇、君臣、夷夏之分数,自尽焉而不相为假也。

三

乾之九五,乾之位也;坤之六五,坤之位也。五位正而坤道盛、地化光,故乾言"造"而坤言"美",皆极其盛而言之也。

何以效之?"乾知大始,坤作成物"。因乎有者不名"始",因乎无者不名"成"。因乎无而始之,事近武,非天下之至健,不能特有所造。因乎有而成之,事近文,非天下之至顺,不能利导其美。夫坤之为美,利导之而已矣。利导之而不糅杂乎阳以自饰,至于履位以正,而遂成乎章也,则蚑者、蠕者、芽者、莩者,五味具,五色宣,五音发,殊文辨采,陆离斒斓,以成万物之美。

虽然,凡此皆出乎地上以归功于天矣。若其未出乎中,而天不得分其美者,坤自含其光以为黄。玄色冲而黄色实,玄色远而黄色近。实者至足者也,近者利人者也,"含万物"者在此矣。若是者谓之至美。以其丽乎玄而无惭也,故言乎"黄";以其不炫乎表以充美也,故言乎"裳"。顺道也,实道也,阴位之正也。圣人体之，故述而不作，以兴礼乐而成文章，则成以顺而美有实，亦可以承天而履非位之位矣。<small>六五阴不当位。</small>

然则黄者言乎文也，裳者言乎中也。<small>不在上而当人中。</small>以黄为中，是地与青、赤、白、黑争文，而不足以配天。以裳为下，是五与初、二、三、四齐秩，而不足以居正。<u>子服椒</u>因事偶占，不足据为典要也。

屯

一

夫有其性者有其情，有其用者有其变。极阴阳之情，尽九、六、七、八之变，则存乎其交矣。刚柔之始交，震也；再交，坎也。一再交而卦兴，阳生之序也。故屯次乾坤。于其始交，以刚交柔，不以柔交刚，何也？

阴阳之生万物，父为之化，母为之基。基立而化施，化至而基凝，基不求化而化无虚施。所以然者：阴虚也，而用致实，形之精也；阳实也，而用致虚，性之神也。形之所成斯有性，情之所显惟其形，故曰"形色，天性也，惟圣人然后可以践形"。阳方来而致功，阴受化而成用，故乾言"造"，坤言"正位"。造者动，正位者静，动继而善，静成而性，故曰"人生而静，天之性也"。由此言之，动而虚者必凝于形器之静实。阳方来而交阴，为天地之初几，万物之始兆，而屯绍乾坤以始建，信矣。

乃为玄之言者，谓阴不尽不生；为<u>释</u>之言者，谓之六阴区宇,而欲转之。则浮寄其孤阳之明,销归其已成之实,殄人物之所生,而别有其生。玄谓之"刀圭入口",释谓之"意生身"。扚阳为基,使阴入而受化,逆天甚矣。

夫阳主性,阴主形。理自性生,欲以形开。其或冀夫欲尽而理乃孤行,亦似矣。然而天理人欲同行异情,异情者异以变化之几,同行者同于形色之实,则非彼所能知也。在天为理,而理之未丽于实则为神,理之已返于虚则为鬼。阳无时而不在,阴有时而消。居阳以致阴,则鬼神而已矣,既已为人而得乎哉? 故屯者人道也,二氏之说鬼道也。以屯绍乾坤之生,易之以立人道也。

二

当屯之世,欲达其屯,则阴之听命于阳必矣。而谁与命之? 将以其位,则五处天位,而初者其所建之侯也。将以其才,则震之一阳,威任起物,而五处险中,藏固而不足以有为也。然则为之阴者,虽欲不"乘马班如"而不得矣。

呜呼! 圣人之以"得民"予初也,岂得已哉! 五之刚健中正者,其位是也,其德是也,而时则非也。处泥中而犯霄露,酌名义以为去留,二虽正以违时,四虽吉而近利矣。违时者以难告,近利者以智闻。挟震主之威者,乃引天时,征人事,曰"识时务者在乎俊杰","从吾游者,吾能尊显之",则二安得不以顽民独处其后邪? 此子家羁所以消心于返国,司空图所以仅托于岩栖也。

三

畜之极,"亨"也;否之极,"倾"也;贲之极,"白"也;剥之极,"不食"也;睽之极,"遇雨"也。然则屯极而雷雨盈,雷雨盈而草昧启。上六曰"乘马班如,泣血涟如",屯将无出难之望乎?曰:时可以长者,上也;不可长者,上六之自为之也。

且夫屯虽交而难生,然物生之始,则其固有而不得辞者矣。一阳动于下,地中之阳也。自是而出震入坎之交,物且冒土而求达。乃离乎地中,出乎地上者无几也。水体阳而用阴,以包地外,物之出也必涉焉。出而畅也,则千章之由条,无所禁其长矣。出而犹豫裴回以自阻也,则夭折而不可长。故方春之旦,雷发声,蛰虫启,百昌将出,必有迅风、疾雨、骤寒以抑勒之,物之摧折消阻者亦不可胜道。非资乎刚健,见险而不胸者,固不足以堪此。上六与坎为体,与五为比,借五之尊,资阳之力,谁足以禁其长者?而柔不知决,其"乘马班如",犹二、四也,于是而不能出,则竟不出矣。犹乎发土而遇寒雨,乃更反而就暖于地中之阳,首鼠狐疑,楚囚对泣,将欲谁怨而可哉!

呜呼!二、四之马首不决于所从者,在坎中而畏险,人情之常也。上出乎险而远乎初矣,然且栖迟迷留,顿策于歧路,夫何为者?甚哉,初九淫威孔福之动人也!震主而疑天下之心,五虽欲光其施,岂可得哉!唐文、周墀所为洒涕于一堂也。周衰而苌弘诛,汉亡而北海死。虽壮马难拯,而弱泪不挥,非所望于惬夫之激已。

蒙

一

震、坎、艮，皆因乎地以起阳者也。初阳动乎地下，五阳次进而入乎地中，故乾坤始交而屯。综而为蒙之象。阳自初而进二，自五而进上，则屯进而为蒙，天造之草昧成矣。天包地外，地在水中。离乎地，未即乎天，故屯止于坎；沐乎水，即隮乎山，故蒙成于艮也。

当其为屯，不能自保其必生，故忧生方亟，求于阳者，草昧之造也；而有生以后，坚脆良楛，有不暇计者焉。逮其为蒙，能自保其生矣，则所忧者，成材致用之美恶，求于阳者，养正之功也；姑息之爱，呴沫之恩，非所望矣。

夫以生求益者，待命于人，而得膏粱焉；以养正求益者，待命于人，而得药石焉。其待命于人均也，而所得则别。求膏粱者于生为急，而急则或堕其廉耻；求药石者于生若缓，而缓则自深其疢疾。圣人以愚贱之廉耻为忧，而深恤其疢疾，故屯以慎于所求为贞，而蒙以远于所求为困。

且以膏粱养物者市恩之事，以药石正物者司教之尊。恩出自下，则上失其位；教行于下，必上假其权。惧屯五入险而失位，故授之以建侯之柄；幸蒙五之顺阳而假权，故告之以尊师之宜。圣人之于易，操之纵之，节之宣之，以平阴阳之权、善人物之生者，至矣哉！

二

六阴六阳备而天地之变乃尽,六位具而卦之体已成。故卦中有阴阳,爻外有吉凶,而卦与爻受之。蒙之上九,象为"击蒙",岂俯而击下乎?方蒙而击之,是"为寇",非"御寇"也。四阴为蒙,二阳为养蒙之主,上将何所击哉?

物之用阴阳也,有过、不及,不及于阴则过于阳,不及于阳则过于阴,所过者不戢而伤其不及者。如是者寇生于内。阴阳之行,不为一物而设,德于此者刑于彼,故荞麦喜霜而靡草忌夏,况其数之有盈虚,乘乎气之有乖沴。如是者寇生于外。寇生于内者,恤其蒙而调之,道在于养,二之以"包"为德也。寇生于外者,捍其贼蒙者而保蒙,道在于御,上之以"击"为功也。

夫阴阳之刑害,日与恩德并行于天壤,而物之壮者或遇之而不伤,物之蒙者乍婴之而即折矣。是故难起于鼎革之初宁,寒酷于春和之始复,欲盛于血气之未定,则非击不能御,非御不能包,二之中与上之亢,亦相资以利用矣。不知击者,索寇于内而诛求之迫,斯<u>嬴政</u>之以猜忍速亡,而入苙之招,激而使之复归于邪也,蒙何赖焉!

需

需之为体,六来居四,_{自大壮来。}以尼乾行,三阳聚升,欲遂不果,虽有积刚至健之才,遇险而不能不有以待之也。顾待之以"往涉大川"乎？行险阻之中而行之未顺也；将待之以"饮食燕乐"乎？介将雨之际而几恐或失也。以往涉为功者，需而不需，束湿苟且以求其成可，为申、商之术；以宴乐为务者，需以为需，守雌处锌而俟其徐清，为老、庄之旨矣。彖、象义殊而适从无定，异端互托而学术以歧，君子之于需，将何所取哉？

则为之释曰：险易者事也，劳逸者势为之也。险有以为险，易有以为易；劳有所为劳，逸有所为逸。其能顺行而弗失者，恃有为之主者存也。无为之主，则进以逢咎，退以失几。主之者存，则犯波涛而不惊，坐鸣琴而不废。

需所恃者何也？自大壮而往，九进处乎天位也。三阳之兴也，浡然莫御者其上行之势，遇四而非其类，则乍骇而阻矣。骤而视之则阴也，遍而察之则险也。故三以仓卒而入泥，初以逡巡而远难。然阴虽来成其险，而不觉自失其尊；阳虽往离其朋，而遂以诞登其位。夫方以类聚，气以同求。五即与四、上为体乎？然其所永好以同功者，三阳其夙侣也。入其中，履其位，操彼之生死而招我之俦伍，则孚可任而贞可恒。五之足恃以为主，决矣。

故二"有言"而"终吉"，三"寇至"而"不败"，得主而行乎险，犹不险也。可以劳，劳则收涉川之功；可以逸，逸则逐宴乐之好。舟附水而利，云依天以游，此所为"光亨"而"贞吉"者尔。彼贸然无主而以需道行之，夫不曰需者事之贼乎？而以之饮食宴乐，则丛台、阿房所以速亡其国，刘伶、阮籍所以疾入于狂也。

讼

天之位乎上者,大正之位也,然而未尝不下济也。雷、火、风、泽之气丽乎地,而时隮以应乎天。惟水不然,以下为性,比地而必于不升,处天地之中以与天争权,则天将施于地而水竞其功,天即欲不与俱,"违行"而不得。是讼之自成,水实致之,而二何以得为"有孚"哉?

尝论之:以无情而诬上者,逆也,非讼也,讼则有可言之情矣。气数自然之争,岂犹夫告密投匦之小人得已而不已者与?二之所执以为言者,阴长而已窒其中也。劳而自矜,已而怨曰:"我之有功于天也,天其德我哉?我不来自遁来,三来居二。而天且偕以遁,我来而抑不我应,五不应二。则是我'窒惕'之劳,漠不相知,而不平之鸣恶容已邪?"怨自此兴,而讼亦自此长,元咺之所以终于逋亡而不恤也。由是言之,直在坎而曲在乾,明矣。

君子则曰:与其为讼也,不如其为遁也。干我者吾避之,劳于我者吾所应得。诎于不知己而伸于知己,越石父且以告绝于晏婴,况其在君臣父子之间乎?故五正中位,不挠于讼而得"元吉",所谓"大居正而不惭"也。惟夫上九也者,可以致胜于坎者力尽而不止,故卫郑再归而见绝于春秋,讼上锡带而三褫于大易。

呜乎!人事之险阻出于怨望,怨望出于恩德。知恩德为时位之当然而无功名之可恃,则险阻平于心而恩怨消于世。

六三舍中位以消遁,柔以承天,善世而不伐,斯足尚乎!

师

　　自轩辕用兵以征不服,讫乎有扈之役,帅师者皆君也。迨夫太康失御而胤侯徂征,则弗躬弗亲,而兵柄移下。易,衰世之事也,故二以阳为群阴之主,而特为世修命将之典。因王伯之命讨,以治尧、禹之天下,盖弗能违已。然授三锡之命,行开国之赏,令行于师中,功论于宗庙,_{上为宗庙}。威福之权自一也。

　　乃夫一阳受钺,所帅者皆阴也。捐坟墓,弃妻子,争死生于原野,以贸金钱、牛酒之颁,其非孝子顺孙而为贪欲惨忍之细人,亦明矣。故不律有戒焉,无功有戒焉,弟子有戒焉,小人有戒焉。凡凶者,皆以阴柔而戒也。

　　阴之为道,蕴毒而不泄,耽欲而不厌,投危地而不前,处成功而善妒。此四者,皆不利于师,而其害相因:溺于利,则义不奋矣;竞于私争,则公战怯矣;媚以居功,则撝败不耻矣。兵刚事,而用柔,则吉一而凶三,岂不危哉!

　　虽然,又岂能舍此而别募君子之军邪?然则如之何?其惟容畜于平居,而致果于临敌乎!以其容畜,奖其致果,则小人之勇可使也。以其致果,用其容畜,则君子之怒已乱也。班仲升曰:“水至清则无鱼,人至察则无徒。”可谓知容畜矣。以三十六人攻匈奴之使,何其果也!此千古行师之要,授受在心。盖参阴阳之用,酌险顺之宜,而不至学古兵法之区区也。

　　俗儒之言兵也,贵其“左次”,则“无咎”而已。常仅不失,而变无以御。宋以之亡而不悟，乃曰"君无失德，民不知兵"，以乞命于天下而辞其咎，岂不哀哉？

比

当比之时，群方咸附，五之得众，盖莫盛焉。水润以下，因地奠居，在浍成浍，因川成川，清者与为化光，浊者与为流恶，地皆受之，未尝有所择而致其宠矣。乃群阴之比于五也，岂无所效哉？小人乐得其欲，报以奔走；君子乐得其道，报以忠贞。而二以柔得位，与五为应，则五所怀集，莫有先焉。是大海之有江、汉也，太山之有云、亭也，夹辅之有周、召，列侯之有晋、郑也。若其失一德之咸，而但依末光，挹余润，以拟于思媚之细人，则将何以酬"显比"之知乎？

夫上之我昵，非可恃者也。我之可亲，可恃者也。以恃我往者，亲而无惭；以恃彼往者，昵而逢厌。上不厌我于报施，而天下厌我于容悦，则适以成五量之大，而又适以累五德之偏。然则二以正应，为责备之归，岂不甚与？而六二固无忧也。宠至而惊，继之以骄。二与群阴同其柔以上附，而无自诧殊异之心，则承宠虽盛，不丧其故吾。若夫位与五相为好仇，德与五相为唱和，亦其分尔。五无私，则二亦不有私人之嫌。无嫌，而又何嫌之有乎？

呜乎！宠禄之于人甚矣，况渥之以恩礼哉！贤者自失于功名之际，中人自失于福泽之加。非当位中正，和于群而不矜独遇，如六二者，能勿波靡而风披，盖亦鲜矣。光武无猜，而严光且以要领之绝戒侯霸也，又况在不宁初来之世也哉？

小畜

　　小畜，巽畜也。大畜，艮畜也。巽体阴而用多阳，艮体阳而用多阴。体者其情也，用者其名也。以名召我而情固止之，甚矣哉，巽之柔而阴鸷也！

　　夫畜有养道焉。阳任治，阴任养。天下不以养始者，终不能止。饫以所需，则情留而息。自有人事以来，壮夫危行而却步于阴柔者，皆养为之胶饴，而孰能轶此以径行哉！夫养阳者阴之职，虽蹈其机，难辞其奉，圣人亦且因而成之。阳固已却步焉，而犹安之以时数者，亦曰其职也。

　　虽然，其养之也，则又有厚薄之不齐矣。山之养也，出云升雾以应天者，且合天于蒸歊之气。若夫风之为体，旁行解散，致养已薄，而徒用其柔，密为之止，则"密云不雨"之势已成。而五、上之阳，方且从彼党而助其用。五矜富力，上载德色。孰知夫周旋不舍者，固长塞其入求三阳之逵径，且受转于阴而为之役，则五、上亦愚矣。甚矣哉，六四之坐取群情而柔之于衽席也！

　　夫薄养而固止之，巽无礼而乾亦不光矣。则夫受止者，失得吉凶之数亦有辨。三，争其止者也；二，静于止者也；初，受其止者也。三进故争，二中故静，初应故受。以争往者入其机，而巽始以机鸣得意，"月望"之凶，"反目"之激矣。以静俟者保其健，而初、三各效其功，彼以邻为富，我以牵为援矣。以

受退者老其敌,而四亦以不测自危,血惕之防,四仅免焉。咎
责之来,初自信不疑而任之矣。"何其咎",言负何其咎也。俗以负何
字加草作荷,遂训此作谁何之义。其惟初乎! 阳受其止,而密制其
机,任讥非于当世,而移易其阴鸷之心,故出入于危疑而光明
不(咎)〔疚〕。其吉也,义固许之矣。

夫如是,将斗阴阳而相制以机乎? 曰:非然也。小畜之
时,不数遇也。止则穷,穷则变,故君子以变行权,而厚用其密
云之势。非小畜之世,无尚往之才,而触物之止,即用其机,则
细人之术也,而又何足以云!

履

一

为卦之体,惟一阴,而失位以间乎阳,则天下忧危之都,莫
履若也。君子以涉于忧危而用为德基,犯难而不失其常,亦反
求其本而已矣。

本者何也? 阳因乎阴为艮,阴因乎阳为兑。因者为功,所
因者为地。兑以阳为地,以阴为功。爻任其功,卦敦其地。任
其功者功在阴,阴与阳争,相争则咥。敦其地者敦于阳,内为
外主,有主则亨。二阳之基,兑之本也。

险阻生于言笑,德怨报以怀来。厚其怀来之积,消其言笑
之机,则物之所不惊矣。初之与二,无求者也。无求而情必以
实,在心为"素",在道为"坦"。故无求于物者,物亦不得而

惊之。

行乎不得已而有履焉,时为之也。逮乎履之既成,而溯其所由以不蹶,非初、二之刚实而无冀乎物情之应者以为之基,则亦恶从致此?故曰"其旋元吉"。上序致祥之绩,固不在所应之六三,而必策勋于初、二矣。若徒以三也,恃言笑之柔,往试于群刚之林,外柔中狠,鬼神瞯之,而况于虎之以咥人为道者乎?

<h2 style="text-align:center">二</h2>

"履虎尾,不咥人",以数驭之乎?以道消之乎?以数驭之者,机变之士,投试不测而售其术,君子羞称之矣。而世所谓以道消之者,非道也,为"婴儿"也,为"醉者"也。虎过其侧而不伤,曰"天和"存焉。天和者,无心以为营,"缘督以为经","浮游"于二气之间,而"行不蹍地"。若士之北游也,御寇之御风也,绝地而离乎人,与之漠不相与而自逃其难,则亦恶在其为能履虎尾哉?

夫履虎尾者,则既履之矣。虽虎尾,亦素位也。时穷于天,事贞于变,贤者固有不能及之理,圣人亦有不得尽之功。不能及者,勉强及之;不得尽者,无或忘之而不相悖害。然且虎兴于前而且将咥我,尤反而自考曰,"我过矣,我过矣",益退而考其近行焉。天乃佑之,而物之悍戾者亦恻怛而消其险矣。故其不咥者,实自求之祥,非偶然也。

鱼朝恩发郭子仪(之)〔父〕墓〔一〕,以激其怨望,而子仪泣对代宗曰:"臣之部曲发人坟墓多矣,能勿自及乎!"子仪之言而虚也,则鬼神瞯之矣,惟其实也,斯自反之诚也,其旋之考也。若子仪者,合于君子之道矣,而又奚疑!

泰

一

天位乎上,地位乎下,谁为为之? 道奠之,故曰:"一阴一阳之谓道。"先阴后阳者,数自下生。降其浊者,清者自升,故曰:"天地定位。"终古而奠者如斯,则道者一成而不可易也。今以乾下坤上而目之曰"交",坤下乾上而目之曰"不交",则将易其所奠而别立道以推荡之乎? 曰:非也。道行于乾坤之全,而其用必以人为依。不依乎人者,人不得而用之,则耳目所穷,功效(所)〔亦〕废,其道可知而不必知。圣人之所以依人而建极也。

今夫七曜之推移,人之所见者半,其所不见者半。就其所见,则固以东为生,以西为没。而道无却行,方其西没,即所不见者之西生矣。没者往也,生者来也。往者往于所来之舍,来者来于所往之墟。其可见者,则以昏、旦为期;兼其不可见者,则以子半、午中为界。

〔一〕"父"原作"之",据新、旧唐书郭子仪传及资治通鉴唐纪(唐代宗大历二年)改。

阴阳之成化于升降也亦然。著候于寒暑，成用于生杀。碧虚之与黄垆，其经维相通也，其运行相次也，而人之所知者半，所不知者亦半。就其所知，则春为我春，秋为我秋，而道无错序。不秋于此，则不可以春于彼；有所凝滞，则亦有所空虚。其可知者，则以孟春为始；兼其不可知者，则以日至为始。

是故泰之下乾而上坤也，坤返其舍，而乾即其位也。坤之阴有一未离乎下，则乾之阳且迟一舍而不得以来。乾之阳有一尚滞乎上，则坤之阴且间一舍而不得以往。往者往而之下，来者来而之上，则天地之位，仍高卑秩然而无所杂也。

若是，则天地之方交，其象动而未宁，何以谓之泰乎？则释之曰：若欲求其不动者以为泰，是终古而无一日也。且道行于乾坤之全，而其用必以人为依。夫阴阳各六，圜转出入以为上下，而可见者六，不可见者六。可见之上，与不可见之下而相际；可见之下，与不可见之上而相际。当泰之世，其可见者，乾下坤上也；不可见者，坤下乾上也。前乎此者〔为〕损，后乎此者为恒。损先难而恒杂。其可见之炳然，显往来之极盛者，莫若泰焉。故曰"小往大来，亨"。此其所以通于昼夜寒暑，而建寅以为人纪，首摄提以为天始，皆莫有易焉。何也？以人为依，则人极建而天地之位定也。

二

今欲求天地之际，岂不微哉！有罅可入皆天也，有尘可积皆地也。其依附之朕，相亲相比而不可以毫发间者，密莫密于此际矣。然不能无所承而县土于空，无其隙而纳空于地。其分别之限,必清必宁而不可以毫发杂者,辨莫辨于此际矣。夫凡有际者,其将分也必渐。治之绍乱,寒之承暑,今昔可期而不可期也。大辨体其至密,昔之今为后之昔;无往而不复者,亦无复而不往;平有陂,陂亦有平也。则终古此天地,终古此天地之际矣。

然圣人岂以是悠悠者为固然而莫为之主哉?大辨体其至密,而至密成其大辨。终不可使其际离焉,抑终不可使其际合焉。故雨晴淫则虹霓炫,列星陨则顽石成。孰使比邻而无瓜李之嫌?孰使晏寝而无𣏌𣏌之乱?危乎!危乎!辨不易昭而密难相洽也。则终古此天地之际,亦终古此"艰贞"矣。

所以然者:上者天之行也,下者地之势也。坤之欲下,岂后于乾之欲上哉?且乾欲坤之下,岂后于坤之自欲哉?然初者,四他日之位也;三者,非四他日之位也。使四乘其居高极重之势,骤下而逼阳之都,则纷拏互击而阳且败,归妹所以"无攸利"矣。何也?气轻而不能敌形之重也。居此际也,正其体,不息其行,积其至轻,荡其至重,则三阴不能不迂回其径,率类以往,仍归乎其域,而效"牝马之贞"矣。凡此者,艰贞之功,三阳共之。而三则首启戎行以犯难焉,故于食而有福以报之也。

然则圣人之赞天地以奠其位而远其嫌,岂不严哉!是故知其至密,而后见运化之精;知其大辨,而后见功用之极。彼以为乾坤之气迭上下而相入以致功者为天地之交,将强纳地于天中,而际亦毁矣。

否

一

乾、坤胥行者也。使不诊其行之往来,则坤下而乾上,久矣其为天地之定位,而恶得谓否?

乾行健运,坤势顺承。承者,承命也。命有治命焉,有乱命焉。乾自四以放于上,位綦乎尊而行且不息,治将何所拟以为归乎?自其可见者言之,其上无余位也;自其不可见者言之,将偕入地之三阳,逆下而逼阴之都。上无余位,既穷极而遁于虚;逼阴之都,又下侵而旷其应:皆命之乱者也。坤于此而顺之,以随行而蹑其迹,于是乎干上之势成而无可止。是故阴阳有十二位焉,其向背相值也。泰,让所背之三以处阴者也;否,侵所背之三以逼阴者也。得所处则退而自安,逼其迁则进而乘敝。否之成,非乾自贻而孰贻之哉!

嗟乎!来者往之反也,而来之极则成往。欲其不往,则莫如止其方来。故志不可满,欲不可纵。一志一欲,交生于动。天地且不能免,而况于人乎?故曰“吉凶悔吝生乎动”。则裁成辅相夫天地,亦慎用其动而已矣。

老子曰:“反者道之动。”魏伯阳曰:“任畜微稚,老枯复荣:荠麦芽蘖,因冒以生。”则是已动而巧乘其间,覆稻舟于彭蠡,而求余粒于蚌蟹之腹也,岂不慎乎!

然则乾之健行而君子法之以不息者,何也?彼自乾德之已成者言之也。以六位言之,纯乎阳矣。以十二位言之,阴处乎背,亦自得其居而可使安也。若夫霜冰蹢躅之方来,不可见而无容逆亿之也。于所见不昧其几,于所不见不忧其变。故曰"知者不惑,仁者不忧",此之谓也。

二

人与人而相于,则未有可以漠然者矣。故上而不谄,所以交上也;下而不黩,所以交下也。不丧其节,不昵其情,止矣。绝己于天下则失义,绝天下于己则失仁。故否之道,无施而可。

虽然,亦视所以用之者。天地且否,而君子岂无其否乎?夫君子之通天下者有二:所以授天下者德也,所受于天下者禄也。舍此,则固由己而不由人,无事拒物而自不与物通矣。德不流行,则绝天下于己;禄不屑以,则绝己于天下。故于田而怀纳沟之耻,出疆而勤雉腒之载。不丧其节,不昵其情,亦未有不如是者也。

乃不有其避难之时乎? 避难者,全身者也;全身者,全道者也。道为公,德为私。君子之于道,甚乎其为德,而况禄乎?且夫禄以荣道,非荣身也;荣以辱身,斯辱道也。故俭德而固其一,禄不可荣而塞其情。固其一,他非吾德也;塞其情,道在不荣也。虽有不忍万物之志,亦听其自为生死而吝吾仁;虽耻以百亩不易为忧,亦安于降志辱身而屈吾义。故伊尹之有莘,避桀难也;伯夷之北海,避纣难也。桀、纣者,敷天率土之共主,神禹、成汤之胄胤。当其不可为龙逢,不可为鄂侯,则无宁塞仁锢义以全道。况乎其不但为桀、纣者乎?

而或为之说曰："恶不可与同,而德胡不富？吾有其不忍,则遇可闵而且仁。吾知其所宜,则遇可为而且义。吾有所不屈,则伸吾直。吾有其不昧,则施吾智。"是王猛之于苻氏也,崔浩之于拓拔也。启其窦,发其机,渐牖其情,不知其入于利赖而以荣禄终。

呜乎！是将以为泰乎？如不以为泰也,则恶得而不用否也？吝吾仁义,如吝色笑焉。选择于德之中而执其一,天地不能为吾欣,兄弟友朋不能为吾戚。如是而难犹不我违,而后安之若命。彼姝姝然以其德与其荣为避难之善术,曰"入于鸟兽之群而不乱,大浸稽天而不溺",亦恶知与羽俱翔,与坌俱踬,与流俱靡,其下游之必然乎？故君子有否,不但任天地之否也。

三

阳之摈阴,先之以怒;阴之干阳,先之以喜。喜者气升,怒者气沉;升者亲上,沉者亲下;各从其类以相际。而反其气以为用者,性之贞也。阳非期于摈阴,而当其行,不得不摈。怒者,摈之先见者也。阴非期于干阳,而当其遇,必承以喜。干者,喜之必至者也。既已有其性情,遂以有其功效。故阴之害,莫害于其喜也。

六三阴进不已,而与阳遇矣。遇而得其配,则喜;遇而幸其往而必虚,则又喜。喜沓至而不戢,遂不恤其身之失也,故极性情之婉媚而不以为羞。不以为羞,则物羞之矣。彼往而不我争,利之以为功;彼往而不我狎,奔之以为好;不倡而和,乘虚而入。凡此者,皆阴之怀慝而善靡者也。惟其怀慝,是以善靡。故曰:"名生于有余,利生于不足。"

或曰:"阴之为德,乃顺承天。踵阳而继之,以相阳之不逮,奚为其不可乎?"曰:否之乾老矣,其坤则壮也。以壮遇老,而先之以喜,其心不可问已。且阴阳之善者,动于情,贞于性。先之以刚克,其后不忧其不合。先之以柔进,则后反忧其必离矣。故君子不尽人之欢,而大正始。是以许阳之际阴,而戒之曰"勿恤其孚";不许阴之际阳,而丑之曰"包羞";所为主持其中,以分际阴阳,而故反其性情者也。反也者,行法以俟命者也。阳刚而奖之交,阴柔而戒其交,则性情归于法矣。诗云"君子如怒,乱庶遄沮",其"艰贞"之谓与! 书云"巧言令色,孔壬",其"包羞"之谓与!

周易外传卷二

同人

阴阳相敌,则各求其配而无争。其数之不敌也,阴甘而阳苦,阴与而阳求,与者一而求者众,望甘以为利之壑,则争自此始矣。惟夫居尊以司与者,众诎于势而俟其施,则大有是已。过此者,不足以任之。故同者,异之门也;同人者,争战之府也。

孤阴以同五阳,处中而韬其美,则纷纷者不能给其所求。不给所求,则相寻以搆而怨不释[一]。抑恶知理之宜配者在彼乎?而恶知分之不可干者在彼乎?则臣主交兵而上下乱。故君子甚危其同也。能远其咎悔者,惟初、上乎!近而不比,远而不乖,无位故也。

呜乎!系群情之望,启忮求之门,知我者不希,而我亦不贵矣。保其咸而不失其宗,夫亦各行其志焉尔。然则以一柔而遇众刚,继之以争而不惑,如同人之二者,岂易得哉?“虽速我讼,亦不汝从”。于野之亨,不足以为同人喜;于宗之吝,不

_____

〔一〕 这句疑应作“则相寻以搆怨而不释”。

足以为同人悲。道所宜吝，不得而亨也。里克之忠，不如荀息之信；徐庶之出，不如庞公之隐。况其显应以卒协于大同也哉？

大有

一

丽大有者，既为五之所有矣。为五之有，则五下交而群阳承之。初，犹同人之上也，孤立而不亲，为德所不及，而君子不受其享。"无交"之害，岂有幸哉！然而可免于咎，则何也？无托而固，不亲而免谪者，其为阳乎！处散地而自保，履危地而自存，遁迹于恩膏之外，傲立于奔走之交，自有其有者，义不得而咎也。

虽然，其亦艰矣。消心于荣宠者，移意于功名；消心于功名者，移意于分义。大人以分义尽伦，曲士以幽忧捐物，古有之矣。道之所不废，则君子亦为存其人焉。然而礼者自履也，行者自型也。合天德之潜龙，行可见之成德，其庶几焉。

若夫土木其形，灰槁其心，放言洸瀁，而托于曳龟逃牺之术，以淫乐于琴酒林泉，匪艰而自诧其无交，被衣、啮缺之所以不见称于圣人。

二

天下之用，皆其有者也。吾从其用而知其体之有，岂待疑哉？用有以为功效，体有以为性情，体用胥有而相需以实，故盈天下而皆持循之道。故曰："诚者物之终始，不诚无物。"

何以效之？有者信也，无者疑也。昉我之生，洎我之亡，祖祢而上，子孙而下，观变于天地而见其生，有何一之可疑者哉？桐非梓，梓非桐；狐非狸，狸非狐。天地以为数，圣人以为名。冬不可使炎，夏不可使寒；葰不可使杀，砒不可使活。此春之芽絜彼春之苗，而不见其或贸。据器而道存，离器而道毁。

其他光怪影响、妖祥倏忽者，则既不与生为体矣。不与生为体者，无体者也。夫无体者，惟死为近之。不观天地之生而观其死，岂不悖与！圣人之于祭祀，于无而萃之以有，以遇其忾息。异端之于水火，于有而游之以无，以变其濡爇。则何其言之河汉也！

象曰："大车以载，积中不败。"盖言有也。阴阳之理，建之者中，中故不竭；行之者和，和故不爽。不爽不竭，以灌输于有生。阳行不息，阴顺无疆，始以为始，中以为中，迭相灌输，日息其肌肤而日增其识力。故稚之与壮，壮之与老，形三变而神三就。由其并生，知其互载，则群有之器，皆与道为体者矣。故形非神不运，神非形不凭。形失所运，死者之所以有耳目而无视听；神失所凭，妖异所以有影响而无性情。车者形也，所载者神也。形载神游而无所积，则虚车以骋于荒野，御者无所为而废其事，然而不败者鲜矣。故天地之贞化，凝聚者为魂魄，充满者为性情。日予其性情，使充其魂魄者，天之事也。日理其魂魄，以贮其性情者，人之事也。然后其中积而不可败矣。

老子曰："三十辐其一毂，当其无，有车之用。"夫所谓"无"

者,未有积之谓也。未有积,则车之无即器之无,器之无即车之无,几可使器载货而车注浆?游移数迁,尸弱而弃强。游移数迁,则人入于鬼;尸弱而弃强,则世丧于身。息吾性之存存,断天地之生生,则人极毁而天地不足以立矣。

故善言道者,由用以得体;不善言道者,妄立一体而消用以从之。"人生而静"以上,既非彼所得见矣,偶乘其聪明之变,施丹垩于空虚,而强命之曰体。聪明给于所求,测万物而得其景响,则亦可以消归其用而无余,其邪说自此逞矣。则何如求之"感而遂通"者,日观化而渐得其原也?故执孙子而问其祖考,则本支不乱。过宗庙墟墓,而孙子之名氏,其有能亿中之者哉?此亦言道者之大辨也。

然则其义何以见之于大有之二也?大有者,有也。所有者阳,有所有者阴。阳实阴虚,天生有而火化无。二为五应,为群有之主,率所有以实五之虚,二之任也。乃有以实载虚,以生载化,则有群有者疑于无,而与天地之藏不相肖。故推其任于二,而责之备焉,曰,非其积中也,败固乘之,而亦乌能免于咎哉?"无咎"者,有咎之辞。二以五之咎为咎,斯不咎矣。故五以"交如"发志,因二以为功也;以"无备"须威,内反而不足也。象传之以败为戒,岂为二本位言之乎?

谦

拳石,山也,而极乎泰、华,高下磊砢,盖尽乎象之不平者矣。地之属也,而违其直方,以不平成象,地之憾也。故圣人于艮下坤上之谦,示平道焉以消其不平,忧患之卦也。

夫山之不平也,惟其有多,是以有寡。地加其上,则地形成而山形隐。故平不平者,惟概施之而无择,将不期平而自平。削其多者以授寡者,平道也,而怨起矣。寡者益焉,多者亦哀焉,有余之所增与不足之所补,齐等而并厚,乐施之而不敢任酌量之权。故高极乔岳,卑至培塿,地总冒其上,以自居于厚,而无择于所施。至于多者不能承受而所受寡,寡者可以取盈而所受多,听其自取,而无所生其恩怨。其究也,施亦平矣。

呜乎! 此君子所以待小人之道也。小人者,不足于人,故"物"之;不足与言交,故"施"之。施者货贿之事,哀益者厌足之道也。小人之欲,画于货利,而碨磊蟡虺,率此以兴。地者阴也,利也,养也,柔也;其动为情,其效为财,其德为膏粱,其性为将顺,皆小人之所取给者也。鹿台之赍,所谓"善人"者,亦沫土之翩翩者尔,故受哀多之锡而鸣其富。岂可施之首阳之二士乎?

然而求定之天下,亦聊以适其聚散之平矣。君子盖不得已而用谦,以调物情之险阻也。故居之也"劳",而终之以"侵伐"。极小人之欲而终不能歉,则兵刑继之,而天下乃不以我为暴。呜乎! 是岂君子之乐为哉?

夫君子之相于也,此无所快,彼无所憾,寡无所求,多无所益,岳岳焉,侃侃焉,论道而无所苟同,当仁而无所复让,序爵以贤,受功以等,上违下弼,匡以道而行以直,而亦奚用谦为! 故曰:"谦,德之柄也。"所以持物之长短而操其生死也。谦于

是而有阴用焉，而以迎人之好，邀鬼之福，则有余矣。故爻多
"吉"而无"无咎"。其吉也，尚未能免于咎夫！呜乎！君子一
而小人万，以身涉于乱世之末流，不得已而以谦为亨，君子之
心戚矣。

豫

阳求阴与。一阳之卦，众阴争与焉，惟比为得天位而允协
其归，外此者各有疑也。在谦与三，在豫与四。受物之与而固
处于内，则自见其不足；因物之与而往出于外，则自乐其志行。
乃见不足者长二阴之上而自立其垒，(志乐)〔乐志〕行者近六五
之尊而借以立功〔一〕，故谦三尸号曰"民"，豫四正名曰"朋"。
"民"云者，各君其国；"朋"云者，众分其权。各君其国，五之所
不得统也，侵伐之所由必起；众分其权，五之所得统也，中道之
所以不(忘)〔亡〕。缘此故也：势逼而动，未能为敌；位远而静，
艮，止，静也。反以启戎；则猜庸之主，维系英杰于肘腋之下以掣
制其权，而几幸乎晏安者，是或一道矣。

夫谦三之卑职以分民，吾不保其亡他；豫四之奋出以任
事，或亦幸其易制。乃众建于疏远之地，利在不倾，害在不掉，
而廉级既定，卒有不复，率天下以征一夫，功易就而势不可弱。
若因疑忮之情，拘维之于耳目易及之地，削其威灵，降其等列，
四不能以民礼使众，众亦不以民礼事四，取苟且之安，席终年

〔一〕"乐志"原作"志乐"，据上文"则自乐其志行"改。"志行"是豫卦九四象
传"志大行也"的省括。

之乐，而豫五之疾亦自此深矣。

恒疾者不见疾，不死者重其死。寄生糊食于天位之上，而孤零弱仆，夷狄、盗贼起而乘之，则不死者奄然待尽，而亦孰与救之哉？故安、史不足以亡天宝，而岳、韩不足以起炎、兴。侵伐利而贞疾危，亦千秋之永鉴已。

随

随者，否阳来初以从阴而消否者也。蛊者，泰阳往上以召阴而坏泰者也。随者从也，故于其世，下皆随上以进。蛊者待治者也，故于其世，上临下而治之。随，初、五阳随阴，三阴随阳；又内卦一阳随二阴，外卦二阳随一阴。蛊，上、二阳治阴，四阴治阳；又内卦二阳治一阴，外卦一阳治二阴。谓之蛊者，阴入阳内而惑乱之，故待治。然二与五皆相应焉，则随虽相蹑，蛊虽相压，未尝废其所为唱和者也。故随二之"失"，随五之"孚"，贞淫之情别；蛊二"干母"，蛊五"干父"，刚柔之克审焉。乃由是思之，随之有功，孰有盛于初者哉！

阳之所以亢而成乎否者，自惜其群而不屑从阴焉耳矣。孰为之阃阈而若或尼之？所难者，奋然一出而已。震于否者，天下之所大惊者也；随于阴者，天下之所大疑者也。冒天下之惊疑而以行其不测之勇，将勿为轻试矣乎？曰：非也。否固必倾矣，是天下将渝之日也。天下未渝，而投其身于非类之中，则志未足以白而先失乎己；天下将渝，而无嫌于非类之比附，则犯天下之惊疑而固不自失也。故曰"随时之义大矣哉"。非其时，即其人未可也。非其人，即其时未可也。况所与从者柔中之六二,专心壹好,以与我相缠绵而不舍,斯岂非堂堂鼎鼎释万物于阴霾闭塞之中,发萌蘖,启蛰伏,以向昭苏之时哉?而又何待焉!

呜乎!自初阳之倜然绝其类以居下,而天下遂成乎随时矣。初不吝出门之交,则二不恤丈夫之失;三乃决策于丈夫之系,而不恋小子之朋;五亦嘉与上,而上弗能不为维系也。然则昔之否塞晦蒙,绝天地之通理者,亦岂非阳之熟于弃世,而可仅咎阴之方长也乎?

孔甲之抱器以归陈涉,有苦心焉而无其德;鲁两生之谢汉高而需百年,抑恃其德而失其时。轻出者为天下笑,而绝物者抱尺寸之义以蔑天人。然后知随初之贞,备四德而未尝有咎。君子之托身于否极之世者,非流俗之所能测;而体天为德,则知我者其天乎!

蛊

蛊之上,亦随之初也,综象。而情与事交殊焉。蛊之上,亦随之上也,随阴往,蛊阳往。而德与时交异焉。如蛊上者,乃可以"不事王侯,高尚其事"矣。

故随初反其道而有功,随上同其往而必穷。随上,柔也,穷而五犹维系之也,五相随而孚者也。蛊上,刚也,五(阳)〔阴〕而不受治于上〔一〕,无孚也。因泰而变,上下交而不固,王侯以

─────────────

〔一〕"五阴"原作"五阳"。按蛊卦第五爻是阴爻,作"五阳"误,今改。

礼相虚拘焉。贪下贤之誉而无其实,则去之而非其所急;无下贤之实而徒贪其誉,则去之而终不我尤;于此而裴回顾恋,以冀功名于蛊坏之日,其将能乎!

申屠蟠之辞召也,陶弘景之挂冠也,庶几以之。而范希文以谓严光也,则非其类矣。如光者,交不待出门而固合,意可以承考而无疑。奚其傲文叔以相臣,而致惜于君房之要领哉?

故释氏以生死为大事,君子以出处为生死。钟鼎、林泉,皆命也,而有性焉。性尽而命以贞,君子不谓命也。若其不然,画所见以为门,放其情而无则,则且有伪周已革,而(张说)〔姚崇〕之涕犹零〔一〕;蒙古已亡,而王逢之悲不已。官已渝矣,志抑无可尚者,迷留于否塞晦蒙而溺以槁死。小人之志节,亦恶足纪哉!

临

一

以临为道,故阴可得而治也。

夫生杀者万物之命,刚柔者万物之性。必欲治之,异端所以訾圣人之强与于阴阳。而非然也。圣人者人之徒,人者生之徒。既(以)〔已〕有是人矣,则不得不珍其生。生者,所以舒天地之气而不病于盈也。生于人为息,而于天地为消。消其

〔一〕“姚崇”原作“张说”,据刘毓崧 王船山丛书校勘记改。

所亢,息其所仅,三才胥受成于圣人,而理以流行。阴性柔而德杀,则既反乎其所以生,虽欲弗治,其将能乎? 而何云其"强与"邪?

彼固曰:"萧条者形之君,寂寞者气之母。"宜其奖夜行而守雌黑矣。夫萧条之馆,寂寞之宫,虽天地同消之墟,而所由以致其敢杀之功名,则阴独任之。阴既日蓄其惨心以俟阳之衰,觊无与治之,以立功名于萧条寂寞之日,而犹听之而无与折也,则历万物而皆逢其耗。彼且曰:"行不言之教,尸不为之德。"教者无教,德者不德。不德者(形)〔刑〕尔,无教者乱尔。非夜行之雄,孰敢然哉!

且夫君者群之主也,母者子之养也。匪刚,弗克为主矣;匪生,蔑用其养矣。故变蕃者形之君,絪缊者气之母。萧条而寂寞者,何归乎? 归乎形之离而气之萎焉耳。反终以为始,任仇以为恩,而后可以不治。不治者乱也。夷狄也,女主也,师狱吏也,任盗贼也,皆自此兴。夫恶得不临治之哉?

然则复何以不治也? 植未固也。泰何以不治也? 功已成也。不自我先,不自我后,临独劳而不可辞矣。大亨以正,刚浸长而天体立矣。备乾之四德以予之,作易者之所以宠临也。

二

临,治也;咸,感也。治之用威,感之用恩。咸以为临,道固有异建而同功者乎? 临刚浸长,来以消往,初、二秉阳质为兑体,贞悔殊地,上下异位,性情相近,母女合功,以卑治尊,以义制恩,势固有不得而竞者也。而终用此以底临之绩也,则何居？

〔夫〕阴疑而战，而况其得数多而处位尊者哉？阴之性贼，而势便于后起，操生死于己，而授兵端于人。借不揣而急犯之，则胜败之数恒存乎彼，而我失其权。"咸临"者，名正而不居，力强而不尚，循其素位，报以应得，无机无形，祸不自(巳)〔己〕〔一〕，彼且相忘而示我以所怀矣。因其所示，发其所藏，替其所淫，缓其所害，采入而致功，移风革化而怨不起。如是乃可以临，而无有不顺命之忧矣。故以咸为临，临之道也。

抑此术也，阴善用之消阳，临且尤而效之，则又何居？曰：不因其情者不足以制，不循其迹者不足以反。今夫兑，外柔而中狠者也。以柔因之，以狠反之。以之消阳则为贼，以之临阴则为正；小人用之则为机，君子用之则为智。不愧于天，不怍于人；其动有功，其静不失。如是者，可以大亨而正矣。而岂若恃名实之有据，硁硁悻悻，继以优游之自丧其功者哉？

韩退之之辟佛也，不测其藏而驳之也粗，故不足以胜缁流之淫辞。景延广之拒契丹也，未酬其惠而怒之也轻，故适足以激胡马之狂逞。使知感之乃以治之，而无损于贞吉，邪之不胜正也，自可徐收其效矣。

然则贾捐之用机而身名俱陨，岂其贤于孔融乎？夫捐之知感而不知贞者也。当好遁之时，行"咸临"之事，德薄而望轻，位卑而权不固，其败宜矣。自非乘浸长之刚，膺治人之责，初、二同心而无间者，固未易由此道也。

〔一〕"己"原作"巳"，据文义改。

阴阳之际,存亡之大,非天下之至几者,其孰能与于斯?

观

积治之世,富有者不易居也;积乱之几,仅留者不易存也。观承否之后,固已乱积而不可撑矣,而位未去而中未亡。位未去,圣人为正其名;中未亡,圣人为善其救。

正其名者何也?来者既主,往者既宾。主者挟朋类以收厚实,宾者拥天步而仅虚名。百姓改心,君臣贸势,然而其名存焉。名者,天之经也,人之纪也,义夫志士所生死争焉者也,庶几望之曰:群阴之来,非以相陵而以相观,_{平声}。我之为"大观在上"固终古而不易也。然而圣人之所以善救已往之阳者,亦即在此矣。

夫阴逼阳迁而虚拥天位,救之也不容不夙,而尤惧其不善也。善其救者,因其时也。观之为时,阴富而阳贫,生衰而杀王,上陵而下固,邪盈而正虚,人耗而鬼灵。凡此者,威无可用,用之而床且见剥;恩无可感,感之而膏每逢屯。然且褻试其恩威,以与力争其胜败,败乃速亡,胜亦自敝,此既其明验矣。且阴不先动,乘阳之虚;阳不遽虚,因动而敝;机兴鬼瞰,妖自人兴。然则非通消息之藏,存性命之正者,亦恶能以大观_{去声}。而保天位哉?

是故观_{去声}。者我也,观_{平声}。者彼也。忘彼得我,以我治彼,有不言之教焉,有无用之德焉。故麋鹿兴前而不视,疾雷破柱而不惊。虽然,又岂若孱主羸国之怀晏安而遗存亡也哉?

以言起名,以用起功,大人所以开治也;言以不言,用以不用,君子所以持危也。

今夫荐而后孚见焉,盥者且未荐也。神来无期,神(动)〔往〕无景,抱斋戒之身,往求之于阴暗窅冥之际,盖有降格无端而杳难自据者矣。而不曰"仁孝之心,鬼神之宅"也乎?以此推之,类幽而不可度,势绝而不相与,凡以眇躬际不测之几者,胥视此矣。而君子于此,乃以不荐为孚。

其不荐之孚者何也?阴之感阳也以与,阳之制于阴也以欲。不受其与者,先净其欲。以利中我而利不入清明之志,以势荡我而势不惊强固之躬。宫庭者盥之地,夙夜者盥之期也。恪守典型而喜怒不妄者,盥其坌起之尘也;养其尊高而金车勿乞者,盥其沾濡之垢也。履天位而无惭,畜神威于不试。彼固曰"庶几伺其荐而与之狎"邪!而终日无荐之事,则终日有荐之形。故道盛而不可吐,力全而不可茹,彼骎骎然起而干我者,亦且前且却,欲迎欲随,而两无端,乃以奠濒危之鼎而俟气数之定。"君子无咎",良以是与!

故因其不可荐而戒其渎,则地天之通以绝;尽其必盥而治其素,则阴凝之冰不坚;于是下观化而天下治。高宗承乱而恭默不言,所由异于仲康之胤征、宣王之南伐矣。故曰:"圣人以神道设教。"阴以鬼来,我以神往,设之不妄,教之不勤,功无俄顷而萌消积害。

圣人固不得已而用观。然彼得已而不已者,其后竟如之何也?可以鉴矣。故歌舞于堂则魅媚于室,磔禳于户则厉啸于庭。极于鬼神,通于治乱,道一而已。然且有承极重难反之势,亵用其明威而不戒其瞻听,使偾败起于一旦而莫之救,徒令衔恤于后者悲愤填膺而无所控泄,哀哉!

噬嗑

噬嗑,用狱救法者也。而初、上何以被刑邪?

阴阳之合离也有数,而其由离以合也有道。物之相协,感之以正,则配偶宜矣;时之已乖,强之以合,则怨慝生矣。九四之阳,非其位也;阴得朋以居中,然且强入而与其上下之际,则不可谓之知时而大其辨矣。为初、上者,乃挟颇心以平物,含甘颐而和怨,其能必彼之无吐哉?以理止争,狂戾为之销心;以饵劝竞,猜疑所由增妒也。初、上颐之体,二、五颐之虚。业投实于虚中以使相离,而又合之,初、上之自以为功,而不知其罪之积也。此苏秦之所以车裂,而李严之所以谪死也。

且初之欲噬以嗑之者,将何为邪?欲强阴以从阳,则屈众以就寡;欲强阳以顺阴,则堕党以崇仇。屈众就寡,武断而不智;堕党崇仇,背本而不仁。施劳于疑战之世,取利于壶飧之间,小人所以甘钳釱而如饴也,岂足恤哉?

然则初之恶浅而上之恶积者,何也?初者震之主,任奔走之劳,而下颔以啮坚致力;上者离之终,衔微明之慧,而上龈以贪味为荣。震求合离,而所噬在他,故二、三可以忘怨;离求合震,而所噬在我,故九四早已伤心。则上之恶积而不可揜,五其能揜之哉?夫虚己而不争,履中而不昵,游于强合不亲之世,厉而不失其贞者,惟五其能免夫!

贲

一

噬嗑，非所合也；贲，非所饰也。

颐外实而中虚，外实以成形，中虚以待养。虚中以静，物养自至。饮食男女，无(师)〔思〕而感[一]，因应而受，则伦类不戒而孚，礼乐因之以起。其合也为仁，其饰也为礼。大和之原，至文之撰，咸在斯也。故曰"无欲故静"。无欲者，不先动，动而不杂者也。自阳入四以逼阴而阴始疑，入三以间阴而阴始驳。疑，乃不得已而听合于初、上；驳，乃姑相与用而交饰于二、四。皆已增实于虚，既疑既驳而理之，故曰：噬嗑，非所合也；贲，非所饰也。

夫颐以含虚为德，而阳入焉。其能效品节之用者，惟捐乎！二与初连类以生而未杂，故"二簋可用享"，犹未伤其静虚之道也。若乃以损为约，而更思动焉，则分上文柔、柔来文刚之事起，而遂成乎贲。处损约之余，犹因而致饰，此夫子所以筮得贲而惧也。

夫子之世，贲之世也；夫子之文，非贲之文也。履其世，成其象，君子犹自反焉，不谓世也，是以惧。若夫贲，则恶足以当天人之大文，善四时之变，成天下之化哉？

〔一〕"思"原作"师"，据文义及下文"无思而感"改。

礼者,仁之实也,而成乎虚。无欲也,故用天下之物而不以为泰;无私也,故建独制之极而不以为专。其静也正,则其动也成章而不杂。增之于颐之所不受,则杂矣;动之于损而相为文,则不成乎章矣。分而上,来而文,何汲汲也!以此为文,则忠信有涯而音容外贷,故老子得以讥之曰:"礼者忠信之薄而乱之首也。"彼恶知礼!知贲而已矣,则以礼为贲而已矣。

夫情无所豫而自生,则礼乐不容阕也;文自外起而以成乎情,则忠信不足与存也。故哀乐生其歌哭,歌哭亦生其哀乐。然而有辨矣。哀乐生歌哭,则歌哭止而哀乐有余;歌哭生哀乐,则歌哭已而哀乐无据。然则当其方生之日,早已倘至无根,而徇物之动矣。此所谓"物至知知,而与俱化"者矣。故曰:贲者,非所饰也。非所饰也,其可以为文乎?

天虚于上,日星自明;地静于下,百昌自荣;水无质而流漪,火无体而章景;寒暑不相侵,玄黄不相间;丹垩丽素而发采,箫管处寂以起声。文未出而忠信不见多,文已成而忠信不见少。何分何来!何文何饰!老氏固未之知,而得摘之曰"乱之首"与?

至实者太虚〔者〕也,善动者至静者也,颐以之矣。无思而感,因应而受,情相得而和则乐兴,理不可违而节具则礼行。故礼乐皆生于虚静之中。而记礼者曰"礼自外来",是(变)〔贲〕之九三,一阳竭至者也。乃以启(蔑)〔灭〕裂者之嚣讼,夷人道于马牛,疾礼法如仇怨,皆其有以激之也。故夫子之惧,非徒以其世也,甚惧乎贲之疑于文,而大文不足以昭于天下也。贲者,非所饰也,而岂文之谓哉?

二

及情者文,不及情者饰。不及情而强致之,于是乎支离漫漶,设不然之理,以给一时之辩慧者有之矣。是故礼者文也,著理之常,人治之大者也,而非天子则不议,庶人则不下。政者饰也,通理之变,人治之小者也,愚者可由,贱者可知,张之不嫌于急,弛之不嫌于缓。故子贡之观蜡而疑其若狂。礼以统治而政以因俗,况其在庶焉者乎?是以贲不可与制礼,而可与明庶政,所饰者小也。

若夫刑,则大矣。五礼之属三千,五刑之属三千,出彼入此,错综乎生杀以为用。先王之慎之,犹其慎礼也。而增之损之,不因乎虚静之好恶,强以刚入而缘饰之,则刀锯之憯,资其雕刻之才,韩婴所谓"文士之笔端,壮士之锋端",良可畏也。故曰"文致",曰"深文",曰"文亡害"。致者,非所至而致之,贲之阳来而无端者有焉;深者,入其藏而察之,贲之阳入阴中而间其虚者有焉;亡害者,求其过而不得,贲之柔来文刚者有焉。戒之曰"无敢折狱"。"无敢"者,不忍之心所悚肌而震魄者也。操刀笔以嬉笑,临铁锧而扬眉,民之泪尽血穷、骸霜髊露者不可胜道,然且乐用其贲而不恤,则"敢"之为祸,亦烈矣哉!

三

居贲之世,无与为缘,含虚而不与于物,其惟初、上乎!颐道未丧,可与守身,可与阅世,礼乐以俟君子,己无尤焉矣。三为贲主,二因〔与〕为贲,四附近而分饰,五渐远而含贞。故功莫尚于三,而愚莫甚于二。居贲以为功,劳极而功小就,功成而矜美,志得而气已盈,三之自处亦危矣。其吉也,非贞莫致,而岂有袭美之孔昭哉?愚哉!二之承三而相与贲也。颐之为用,利以为养,而养非其任;损之为用,所致者一,而一非其堪;因人成事,与物俱靡,然且诩其小文,矜其令色,附唇辅而如旒,随谈笑以取泽,则有识者岂不笑其细之已甚乎!

夫近阳者亨,远刚者吝,爻之大凡,荣辱之主也。而贲以远阳为喜,近阳为疑者,何也?阳不足为主也。未迎而至,易动以兴,饰邻右之须眉,以干戈为燕好。如是以为饰,而人莫我陵,则君子惟恐其远之不夙矣。当刚柔之方杂,而乐见其功名,三代以下,绵蕞之徒,何"贲其须"者之繁有也?此大文之所以终丧于天下也。

剥

卦者,爻之积也。爻者,卦之有也。非爻无卦,于卦得爻。性情有总别而无殊,功效以相因而互见,岂有异哉?剥之为占,"不利攸往"。五逼孤阳,上临群阴,消长之门,咎之府也。而五以"贯鱼"承宠,上以"硕果"得舆,吉凶善败,大异彖占,何也?

夫阳一阴二,一翕二辟。翕者极于变而所致恒一;辟则自二以往,支分派别,累万而终不可得合。是故立一以应众,阳之德也;众至之不齐,阳之遇也。遇有丰歉,德无盈虚。时值其不丰,天所不容已,而况于万物乎?若其德,则岂有丰歉之疑哉？而以一应众者，高而无亲，亦屡顾而恐失其址。恐失其址，道在安止以固居焉。剥之一阳，艮之所由成也。贞位而不迁，则可谓安止以固居者矣。

物性之感，一危而二安，一实而二虚。危者资物而俯，安者善感而仰；实者有余而与，虚者不足而求。始感而妄从，既求而无节者，阴之性也。以喜往，以求干，不给于与而生其厌，则抱怨以返，而召其陵削，阳之穷也。惟阳德之善者，于其来感，绝其往来，不歆其迎，不拒其至，尽彼之用，而不以我殉之，若是者，艮固优有其德矣。尽彼之用，知其可以为"舆"也；不以我殉，授以"贯鱼"之制而不就与为耦也；则民载君之分定，男统女之势顺矣。民载君，则眇躬立于万姓之上而不孤；男统女，则情欲节于礼义之防而乱自息。故五、上之交，阴阳之制，治乱之门，而卒以得利。

其所不利，惟不往也[一]，故象曰"不利有攸往"。不往，则利矣。盖往者，止之反也。而物之往者，必先之以来。其能不往者，必其无来者也。当剥之世，不能以止道制其来以绝其往，则不可谓之知时矣。

危者求安，情迫而其求恒速；虚者求实，情隐而其求恒缓。以速交缓，故阳方求而屡求之；以缓持速，故阴实求而名不求。往求之数，阳得之多，阴得之少。而其继也，阴虚往而实归，阳实往而虚归，则阳剥矣。不善处剥者，孤孑而惧，惧阴之盛而遐心我也；既而彼以喜动，则歆然忘己而殉之。忘己者丧己，

〔一〕"其所不利，惟不往也"，据文义应作"其所不利，惟往也"。

殉阴者力尽而不给于殉,虽欲不惫,其将能乎! 如是则往而为
来,来而必往,利在室而害在门矣。惟反其道而用艮之止,以
阴为舆,载己以动,而己固静,则阴亦自安其壶范,而终不敢相
凌。则彖之"不利有攸往"者,正利其止。而五、上之承宠以得
舆也,惟不往之得利。卦与爻,其旨一矣。

　　呜乎! 阴阳多少之数,俯仰求与之情,见于人事之大者,
莫君民、男女之间若也。君一而民众,男一而女众,虚实安危,
数莫之过也。婿之下女,亲迎而授绥;君之下民,先悦而后劳;
以宜室家,以怀万国,固其效矣。然非夫剥之时也。不幸而剥
矣,而不以艮止之道安宅于上;惑男不已,犹徇其恩;人满无
政,犹沽其誉;耽燕寝之私,行媚众之术,则未有不惫者也。不
逐逐于声色者,女不足以为戎;不汲汲于天位者,民无挟以相
叛。韦后要房州之誓,李密散敖仓之粟,攸往之不利,其大者
也。而岂但此哉?

复

　　说圣人者曰:"与太虚同体。"夫所谓"太虚"者,有象乎?
无象乎? 其无象也,耳目心思之所穷,是非得失之所废,明暗
枉直之所不施,亲疏厚薄之所不设,将毋其为圣人者,无形无
色,无仁无义,无礼无学,流散澌灭,而别有以为"涤除玄览"
乎? 若夫其有象者,气成而天,形成而地,火有其爇,水有其
濡,草木有其根茎,人物有其父子,所统者为之君,所合者为之
类,有是故有非,有欲斯有理,仁有其泽,义有其制,礼有其经,

学有其效,则固不可以"太虚"名之者也。

故夫乾之六阳,乾之位也;坤之六阴,坤之位也;乾始交坤而得复,人之位也。天地之生,以人为始。故其吊灵而聚美,首物以克家,明聪睿哲,流动以入物之藏,而显天地之妙用,人实任之。人者,天地之心也。故曰:"复,其见天地之心乎!"圣人者,亦人也;反本自立而体天地之生,则全乎人矣;何事堕其已生,沦于未有,以求肖于所谓"太虚"也哉?

今夫人之有生,天事惟父,地事惟母。天地之际,间不容发,而阴阳无畔者谓之冲;其清浊异用,多少分剂之不齐,而同功无忤者谓之和。冲和者,行乎天地而天地俱有之,相会以广所生,非离天地而别为一物也。故保合则为冲和,奠位则为乾坤。乾任为父,父施者少;坤任为母,母养者多;以少化多而人生焉。少者翕而致一,多者辟而赅众;少者藏而给有,多者散而之无;少者清而司贵,多者浊而司贱。冲和既凝,相涵相持,无有疆畔。而清者恒深处以成性,浊者恒周廓以成形。形外而著,性内而隐。著者轮廓实,而得阴之辟,动与物交。隐者退藏虚,而得阳之翕,专与道应。交物因动,无为之主,则内逼而危。应道能专,其致不用,则孤守而微。阴阳均有其冲和,而逮其各致于人,因性情而分贵贱者,亦甚不容已于区别矣。然若此者,非阴阳之咎也。阴阳者,初不授人以危微,而使失天地之心者也。圣人曙乎此存人道以配天地、保天心以立人极者,科以为教,则有同功而异用者焉。

其异用者奈何?人自未生以有生,自有生以尽乎生,其得阳少而内,得阴多而外,翕专辟动以为生始,盖相若也,复道也。阴气善感,感阳而变,既变而分阳之功,交起其用,则多少齐量而功效无殊者,亦相若也,泰道也。此两者,动异时,静异体,而要以求致成能于继善则同焉。故仲尼之教,颜、曾之受,于此别焉。

子之许颜子曰:"颜氏之子,其庶几乎!"庶几于复也。复者,阳一而阴五之卦也。阳一故微,阴五故危。一阳居内而为性,在性而具天则,而性为"礼"。五阴居外而为形,由形以交物状,而形为"己"。取少以治多,贵内而贱外,于是乎于阴之繁多尊宠,_{得中位}。厚利吾生,皆戒心以临之,而惟恐其相犯。故六二以上,由礼言之,则见为己;由己言之,则见为人。对礼之己,虑随物化,则尚"克己"。对己之人,虑以性迁,则戒"由人"。精以择之,一以服膺,乃以妙用专翕之孤阳,平其畸重畸轻之数,而斟酌损益以立权衡,则冲和凝而道体定矣。此其教,尊之以有生之始。舜畛之,孔子述之,颜子承之。邵子犹将见之,故曰"玄酒味方淡,大音声正希",贵其少也。

若其授曾子也,则有别矣。曰"一贯",则己与礼不可得而多少也;曰"忠恕",则人与己不可得而多少也。不殊己者,于形见性;不殊人者,于动见静。则己不事克而人无不可由矣。此非以奖阴而敌阳也。人之初生,与天俱生,以天具人之理也。人之方生,因天而生,以人资天之气也。凝其(方)〔初〕生之理而为"复礼"[一],善其方生之气而为"养气"。理者天之贞

〔一〕这句承上文"人之初生,与天俱生,以天具人之理也"而言,"方"字应是"初"字之误,今改。

常也,气者天地之均用也。故曰"天开于子"而"人生于寅"。开子者复,生寅者泰。为主于复者,阳少阴多,养阳治阴以养太和,故复曰"至日闭关,后不省方",大养阳也。为用于泰者,阴感阳变,阴阳齐致以建大中,故泰曰"裁成天地之道,辅相〔天地〕之宜",善用阴也。复以养阳,故己不可以为礼。泰以用阴,故形色而即为天性。然其为裁成而辅相者,先立己而广及物,端本而辨内外者,秩序井然。抑非若释氏之以作用为性,而谓佛身充满于法界也。泰之传曰"内君子而外小人",则其洁静精微,主阳宾阴者,盖慎之至矣。是故守身以为体,正物以为用。此其教,谨之于方生之成。孔子昉之,曾子述之,孟子著之。程子固将守之,故曰"万物静观皆自得,四时佳兴与人同",泰其交也。

自未生以有生,自有生以尽于生,灵一而蠢万,性一而情万,非迎其始,后不易裁,复以"见天地之心"与化俱而体天道者也。阴感阳而变,变而与阳同功,性情互藏其宅,理气交善其用,泰以"相天地之宜"因化盛而尽人道者也。而要以为功于天地,以不息其生,故曰"同功"也。生者实,不生者虚。而曰"心如太虚",则智如舜而戒其危,保其微,允执以为不匮其藏,又何为邪?

呜乎!天地之生亦大矣。未生之天地,今日是也;已生之天地,今日是也。惟其日生,故前无不生,后无不至。冬至子之半,历之元也,天之开也;"七日来复",冬至子之半也。如其曰"天昔者而开于子,有数可得而纪,而前此者无有"焉,则复宜立一阳于冲寂无画之际,而何为列五阴于上而一阳以出也哉？然则天之未开，将毋无在而非坤地之体，充牣障塞，无有间隙，天乃徐穴其下以舒光而成象也乎？不识天之未出者，以何为次舍？地之所穴者，以何为归余也？

初九曰"不远复"，"不远"之为言，较"七日"而更密矣。阳一不交，则阴过而生息。生不可息，复不远矣。自然者天地，主持者人。人者天地之心。不息之诚，生于一念之复，其所赖于贤人君子者大矣。"有过未尝不知，知而未尝复为"，"过"者阴，"知"者阳。存阳于阴中，天地之生永于颜氏之知，此"丧予"叹而后学穷，绝学无传，夫子之所以深其忧患与！

无妄

天上地下，清宁即位，震之一阳生于地中，来无所期，造始群有以应乎天，寻常之见所疑为妄至而不诚者也。夫以为妄，则莫妄于阴阳矣。阴阳体道，道无从来，则莫妄于道矣。道有阴阳，阴阳生群有，相生之妙，求其实而不可瞥见，则又莫妄于生矣。不生而无，生而始有，则又莫妄于有矣。

索真不得，据妄为宗，妄无可依，别求真主，故彼为之说曰："非因非缘，非和非合，非自非然；如梦如幻，如石女儿，如龟毛兔角；捏目成花，闻梅生液；而真人无位，浮寄肉团；三寸离钩，金鳞别觅。"率其所见，以真为妄，以妄为真。故其至也：厌弃此身，以拣净垢；有之既妄，趣死为乐；生之既妄，灭伦为净。何怪其裂天彝而毁人纪哉！

若夫以有为迹，以无为常，背阴抱阳，中虚成实，斥真不仁,游安自得,故抑为之说曰:"吾有大患,为吾有身;反以为用,弱以为动;糠秕仁义,刍狗万物。"究其所归,以得为妄,以丧为真,器外求道,性外求命,阳不任化,阴不任疑。故其至也:绝弃圣智,颠倒生死;以有为妄,斗衡可折;以生为妄,哀乐俱舍。又何怪其规避昼夜之常以冀长生之陋说哉!

请得而析之。为释言者,亦知妄之不可依也;为老言者,亦知妄之不可常也。然则可依而有常者之无妄,虽有尺喙,其能破此以自怙哉!王鲔水(如露)入腹而死,水可依而鲔迷所依;蜀犬见雪而吠,雪本常而犬见不常。彼固骄语"大千""八极"者,乃巧测一端,因自缠棘,而同鲔犬之智,岂不哀哉!鲔迷所依,则水即其毒,故释曰"三毒";犬目无常,则雪即其患,故老曰"大患"。夫以为毒患,而有不急舍之者乎?则其惧之甚,急之甚,速捐其生理而不恤,亦畏溺者之迫,自投于渊也。

夫可依者有也,至常者生也,皆无妄而不可谓之妄也。奚以明其然也?

既已为人矣,非蚁之仰行,则依地住;非螾之穴壤,则依空住;非蜀山之雪蛆不求暖,则依火住;非火山之鼠不求润,则依水住;以至依粟已饥,依浆已渴。其不然而已于饥渴者,则非人矣。粟依土长,浆依水成。依种而生,依器而挹。以黄种粟粟不生,以块取水水不挹。相待而有,无待而无。若夫以粟种粟,以器挹水,枫无柳枝,粟无枣实,成功之退,以生将来,取用不爽,物物相依,所依者之足依,无毫发疑似之或欺。而曰此妄也,然则彼之所谓"真空"者,将有一成不易之型,何不取两间灵、蠢、姣、丑之生,如一印之文,均无差别也哉?是故阴阳奠位,一阳内动,情不容吝,机不容止,破块启蒙,灿然皆有。静者治地,动者起功。治地者有而富有,起功者有而日新。殊形别质,利用安身。其不得以有为不可依者〔而谓之妄〕,其亦明矣。

又既已为之人矣,生死者昼夜也,昼夜者古今也。祖祢之日月,昔有来也;子孙之日月,后有往也。由其同生,知其同死;由其同死,知其同生。同死者退,同生者进,进退相禅,无不生之日月。春暄夏炎,秋清冬凛,寅明申晦。非芽不蕊,非蕊不花,非花不实,非实不芽。进而求之:非阴阳定裁,不有荄茎;非阳动阴感,不相树萼。今岁之生,昔岁之生,虽有巧历,不能分其形垺。物情非妄,皆以生征。征于人者,情为尤显。跐折必喜,箕踞必怒,墟墓必哀,琴尊必乐。性静非无,形动必合。可不谓天下之至常者乎!若夫其未尝生者,一亩之土,可粟可荐;一罂之水,可沐可灌。型范未受于天,化裁未待于人也,乃人亦不得而利用之矣。不动之常,惟以动验;既动之常,不待反推。是静因动而得常,动不因(动)〔静〕而载一〔一〕。故动而生者,一岁之生,一日之生,一念之生,放于无穷,范围不过,非得有参差傀异,或作或辍之情形也。其不得以生为不可常而谓之妄,抑又明矣。

夫然,其常而可依者,皆其生而有;其生而有者,非妄而必真。故雷承天以动,起物之生,造物之有,而物与无妄,于以对时,于以育物,岂有他哉!

〔一〕“静”原作“动”,据上文“既动之常,不待反推”文义改。

因是论之：凡生而有者，有为肧胎，有为流荡，有为灌注，有为衰减，有为散灭，固因缘和合自然之妙合，万物之所出入，仁义之所张弛也。肧胎者，阴阳充积，聚定其基也。流荡者，静躁往来，阴在而阳感也。灌注者，有形有情，本所自生，同类牖纳，阴阳之施予而不倦者也。其既则衰减矣。基量有穷，予之而不能多受也。又其既则散灭矣。衰减之穷，予而不茹，则推故而别致其新也。

由致新而言之，则死亦生之大造矣。然而合事近喜，离事近忧，乍往必惊，徐来非故。则哀戚哭踊所以留阴阳之生，靳其离而惜其合，则人所以绍天地之生理而依依不舍于其常者也。然而以之为哀而不以之为患，何也？哀者必真而患者必妄也。

且天地之生也，则人以为贵。草木任生而不恤其死，禽兽患死而不知哀死，人知哀死而不必患死。哀以延天地之生，患以废天地之化。故哀与患，人禽之大别也。而庸夫恒致其患，则禽心长而人理短。愚者不知死之必生，故患死；巧者知生之必死，则且患生。所患者必思离之。离而闪烁规避其中者，老之以反为用也；离而超忽游泆其外者，释之以离钩为金鳞也。其为患也均，而致死其情以求生也亦均。“乃若其情，则可以为善矣。”情者，阴阳之几，凝于性而效其能者也，其可死哉？故无妄之象：刚上柔下，情所不交，是谓否塞；阳因情动，无期而来，为阴之主，因昔之哀，生今之乐，则天下之生，日就于繁富矣。

夫生理之运行，极情为量；迨其灌注，因量为增。情不尽

于(一)〔所〕生,故生有所限;量本受于至正,故生不容乖。则既
生以后,百年之中,阅物之万,应事之赜,因物事而得理,推理
而必合于生,因生而得仁,因仁而得义,因仁义而得礼乐刑政,
极至于死而哀之以存生理于延袤者,亦盛矣哉! 终日劳劳而
恐不逮矣,何暇患焉! 授之尧名而喜,授之桀号而戚。喜事近
生,戚事近死。近生者可依而有常。然则仁义之藏,礼乐刑政
之府,亦孰有所妄也哉! 故贱形必贱情,贱情必贱生,贱生必
贱仁义,贱仁义必离生,离生必谓无为真而谓生为妄,而二氏
之〔邪〕说昌矣。

　　若夫有为胚胎,有为流荡,有为灌注,有为衰减,有为散灭
者,情之量也。则生不可苟荣,而死不可致贱。〔不可致贱,〕
则疾不可强而为药。强为药者,忘其所当尽之量而求之于无
益,岂不悖与! 单豹药之于外,张毅药之于内,老氏药之于媵
理之推移,释氏药之于无形之罔两。故始于爱生,中于患生,
卒于无生。呜乎! 以是药而试之,吾未见其愈于禽鹿之骛
走也。

　　夫治妄以真,则治无妄者必以妄矣。治真以妄,据妄为
真;窃据为真,愈诡于妄。逮其末流,于是而有彼家炉火之事,
而有呗咒观想之术,则磁礜杂投,不可复诘。彼始为其说者,
亦恶知患死相沿,患生作俑,其邪妄之一至于此哉!

　　是故圣人尽人道而合天德。合天德者,健以存生之理;尽
人道者,动以顺生之几。百年一心,战战栗栗,践其真而未逮,
又何敢以此为妄而轻试之药也哉! 故曰"先王以茂对时,育万
物",盖言生而有也。

大畜

畜,止也,养也。以养止之,小畜也;以止养之,大畜也。小畜阴之弱者,其畜也微;大畜阴盛而中,其畜也厚。而不仅然也。小畜,巽畜之也;大畜,艮畜之也。艮体刚而以止为德,异乎巽之柔而以养为止之术也。

夫乾奠位于方来,而无如其性之健行也。行则舍其方来之位而且之于往。往则失基,失基则命不凝。不止其来,必成乎往。故止之者,所以为功于乾也。

凡欲为功于刚健之才者,其道有二:彼方刚也,而我以柔治之,姑予之养,以调其蹻踔之气,微用其阴,厚予以阳,一若规之,一若承之。得此道者,以为讽谏。是其为术,倡于庄周人间世之篇,而东方朔、司马相如之流以劝百而讽一。识者固将贱之曰,此优俳之技也。昔者优旃以畜秦之暴主,朔、相如以畜汉之骛君,谓将承我而规寓焉,无能大改其德而祇以自辱。流俗不审,犹乐称说之曰:"谏有五,讽为上。"呜乎!苏轼、李贽之以惑人心者,庸夫喜之,而道丧久矣。彼方刚也,而患在行而不知反,我呕止之而实以养之,闲邪者敦笃其诚而不舍其中。得此道者,格君心之非。人有不适,政有不闲,伊尹以之放桐而不疑,傅说以之昌言而不讳,孔、孟以之老于行而不悔。而流俗或讥之曰:"此迂而寡效也。"昔者程子以谏折柳枝而致怪于母后,朱子以"惟此四字"而见忌于党人。呜乎!合则行,不合则去耳。又其义不可去者,从龙、比于九京已耳。

借其劝百而讽一,不从所讽而乐其劝,将如之何? <u>马融广成</u>之颂,亦效<u>朔</u>、<u>相如</u>而终之以谄矣。

故大畜者,畜道之正者也。牛牿故任载,豕豮故任饲,初不谋彼之我喜,而庆固自来。至于刚正道孚,在彼受舆卫之闲,在我得大行之志,然后吾养之之心,昭示上下,质告鬼神而无歉。大川之涉,其理楫占风,郑重于津泊者,非一日矣。故君子弗言事君也,自靖而已矣;弗言交友也,自正而已矣。学博而德厚,德厚而志伸,志伸而威望不诎。可否一准于道,进退一秉于诚。故曰"惟大人为能格君心之非"。正己无求,端凝不妄,然后可以"不家食"而吉矣。

淫行逞,邪说兴,以怀禄固宠之邪心,矜饲虎探鳞之巧技,进以取容悦之实,退以谢寒蝉之咎,施施然曰"谏有五,讽为上","月望"而太阳亏,"舆说"而"征凶"终,将谁尤哉!将谁尤哉!

颐

一

颐,象也。象其为颐,而未象其为养。然则设颐于此,养不期而自至乎? 圣人何以劳天下于耕稼渔猎? 抑设象于此而复邀养于他,则养固外待,"观朵颐"者又何以凶邪?

夫颐之成象,固阴阳之即位而为形体;而颐之成用,资养之具亦阴阳互致而为精腴。故二气搆形,形以成;二气辅形,形以养。能任其养,所给其养,终百年而无非取足于阴阳。是大造者即以生万物之理气为成人形质之撰,交用其实而资以不匮。则老子所谓"冲,而用之或不盈",其亦诬矣。

夫颐,中虚者也。中虚似冲,所受不盈,而有生之养资焉,则老子之言疑乎肖。而抑又不然。其将以颐之用,以虚邀实者为冲乎?则颐之或动或止,在辅、车、唇、颌之各效者,用实也,非用虚也。假令以物投于非颐之虚,其虚均也,而与人漠不相与。则颐中之虚,资辅、车、唇、颌动止之实以为用,明矣。将以颐之体,外实中虚者为冲乎?则死者之颐,未尝有所窒塞,而何以殊邪?外实而灵,中虚而动,屈伸翕辟之气行焉。则颐中之虚,自有其不虚者,而特不可以睹闻测也,明矣。彼其说,精专于养生,而不知养抑不知生也有如此,故曰诬也。

夫圣人深察于阴阳,以辨养道之正,则有道矣。养万物者阴阳也,养阴者阳也。阳在天而成象,阴在地而成形。天包地外而入于地中,无形而成用;地处天中而受天之持,有形而结体。无形无涯,有形有涯。无涯生有涯,有涯息无涯。无形入有形,有形止无形。阴静善取,阳动善变。取盈不积,资所厚继;阳动不停,推陈致新。分为荣卫,畅于四末,四末以强,九官以灵,一皆动而能变者以象运之。故曰养阴者阳也。若其养万物者,阳不专功,取材于阴。然而大化之行,启不言之利,则亦终归于阳也。阳任春夏,阴任秋冬。春夏华荣,秋冬成实,以迹言,阴为阳具。然而阳德阴刑,德生刑杀,秋冬物成而止息,春夏物稚而方来,凝实自终,阴无利物之志。是故阳之为言养也,阴之为言幽也。然则观其所养,物养于阳;观其自养,阴养于阳。顺天之道,知人之生,而养正之道不迷矣。

圣人之"养万民",法阳之富;君子之"节饮食",法阳之清。有养大而舍小,法阳贵而阴贱;有捐养以成仁,法阳刚〔而〕阴柔[一]。如是,则阳听养于阴,道固宜尔,而四阴致养,何以云"颠"云"拂"也?阳君阴民,阴多阳少。民义奉君,少不给多,其义悖矣。乃养之为道,顺则流,逆则节,故无有不颠不拂而可用养者也。故曰"以人从欲实难","经"不可恃也。

乃初、上胥阳,皆养阴者也,而上为"由颐",初为"观颐",何也?颐之所以能动而咀物者下也,而上则静。凡剸割之用皆自上而下,而颐之咀物也反是。动者以欲兴而尸劳,止者以静俟而自得;以欲兴者虽劳而贱,以静俟者虽得而不贪;此亦君子小人之别也。均之为养,而初见可欲而即动焉,不亦惫乎?功名之会,迫启者阳鳙之羞也,而况饮食哉?故君子"慎言语,节饮食",皆戒之于其动也。

呜乎!鄙夫之动于欲者,不足道已。霸者以养道市民而挟刑心,异端以冲用养生而逆生理,皆阴教也。知阴之无成,阳之任养,于虚而得实,贱顺欲而乐静正,〔尚〕其庶乎!

二

均为"颠""拂",而二、三何以凶邪?君子之于养也,别嫌而安所遇。二、三与初为体,今以初贪而不戢,乃非分而需养于上。上为艮止,恩有所裁,不特拂经,欲亦不遂,故二逢于丘

〔一〕"而"字,据上文"法阳贵而阴贱"文例补。

之凶,三葭十年之利。丘者高位,十年远期。位疏而期远,望其相给,不亦难乎!震临卯位,十年而至丑。艮居丑寅之交,即有所施,必待十年之后。晨烟不续,越陌相求,涸鲋难留,河清谁俟,不复能永年矣。虽托贞廉,凶还自致,则何似别嫌而安遇于早,自决于十年之前乎?

上者,三之应也,而不与三以养,何也?贵而无位,所处亦危矣,惟奉大公以养物,斯德施光而自他有庆。系私以酬酢,上义之所不出也。四为艮体,同气先施,挹之不劳,受之不怍,"耽耽""逐逐",其何咎焉!使于陵仲子而知此义,可无洁口腹于母兄之侧矣。呜乎!取舍之间,盖可忽乎哉!

大过

有位者,物之贵也;同类者,气之求也。择位而得中,聚族而(无)〔与〕处,摈斥异己,远居裔(末)〔夷〕,甘言不为之动,害机不为之伤,斯不亦天下之至愉快者哉?大过以之聚四阳于同席,宅四位之奥区,彼初之与上,若欲窥其藩棘而不可得。其择利而蹈,绝拒异己者,可为峻矣。呜乎!峻者所以为甚,甚者所以为过。天下焉有待小人不以其道如此,而能免其谪于君子乎?

夫阴阳之始,非有善恶之垠鄂,邈如河汉也。翕辟者一气也,情各有其几,功各有其效;生者道之生,杀者亦道之杀。有情则各有其愿,有功则各有其时,虽严防而力拒之,不能平其愿而抑其得志之时矣。故怨开于阳而成于阴,势极于阳而反于阴,则亦无宁戒此而持其平。又况性情功效之相需而不相舍乎?

是故君以民为基,生以杀为辅。无民而君不立,无杀而生不继。资其力,合其用,则阳有时舍位而不吝,阴有时即位而不惭。而独使之浮游散地,失据离群,开相怨之门,激相倾之势,则大之过也,亦自桡而自弱矣。故高居荣观者,鳞甍翼阁,示雄壮之观,而栋则托址于卑下。桡其卑下,则危其崇高,未有能安者也。

且夫阳之过也,以保一时之往也。乃其援引固结,相与以明得意者,其去小人之噂沓背憎,志虽异而情不殊。情不殊则物或瞷之。物或瞷之,则势难孤立。有所欲为而缺阴之用,则有所必求而偷合乎阴矣。故年不谋老少,吉不卜从违,白首无惭,弱龄无待,相邻而靡,苟得而欢。将昔之怙党居中、绝阴于无位之初志,亦茫然而不可复问。而三、四之倚二、五,以睽离于所应者,且沮丧孤危,或凶或吝而不可保。故始为攻击,继为调停,快志须臾,坚壁难久。古今覆败之林,何有不酿成于此哉?而君子早已辨其无辅而不能久矣。

然则大过无取乎?(以)〔曰〕:取之"独立不惧,遁世无闷"者,则得矣。故夷、齐兵之而不畏,巢、许招之而不来,自位其位而不位人所争之位,孤保深幽,敦土求仁,虽金刑居上,得势下戕,"灭顶"之凶,不足以咎。此所谓无可奈何而安命以立命者也。过此以往,则吾不知之矣。

坎

夫得貌而遗其心,天地阴阳之撰,足以导邪说、启淫思者,繁有之矣,而况其他乎?

是故天一生水,地六成之;内生为心,外成为貌;心肖所生,貌肖所成;然则水其以天为心邪!生事近先,成事近后。而方其生之,旋与为(生)〔成〕;方其成之,犹与为生;中不先立,成不后建,抟造共功,道行无间,又坎之不仅以天为心也。

顾其已成,效动而性静;方其初生,效静而性动。静者阴也,动者阳也。动者效生,则万物之生皆以阳为心。而水之生也,亦乘乎性之动几以为生主,则坎固壹以阳为心矣。故其为象,刚以为中。刚以为中而刚不见于貌,心之退藏于密而不著者也。心藏于密,而肖所成以为貌,水之所以险与!

然则"流而不盈",阴之用也,行之险也。阴虚善随,阳实不屈。实以为体,虚以为用,给万物以柔靡佯退而自怙其坚悍,则天下之机变刻深者,水不得而辞。而老氏犹宗之以为"教父",曰"上善若水",则亦乐用其貌而师之,以蕴险于衷。是故天下之至险者,莫老氏若焉。

试与论之。终归于不盈者,岂徒水哉? 火、木、土、金,相与终古而不见其积。则消归捝运者,皆不盈以为功。而水特出其不盈者以与人相见,则其险也,亦水之儇薄而未能深几者也。不足与深几,而水亦忧其易毁。乃终古而无易(水)〔毁〕之忧者,圣人极其退藏而表章之曰"不盈"而"行险"者,何恃乎?

恃其不失信而已。

何以知其信之不失也？生之建也，知以为始，能以为成。乾知坤能，知刚能柔。知先自知[一]，能必及物。及物则中出而即物，自知则引物以实中。引物实中，而晶耀含光，无之有改。故乾道之以刚为明者惟此，而水始得之以为内景。物过而纳之以取照，照而不迁其形，水固有主而不乱矣。生之积也，初生而盛，继生而减，减则因嬗以相济，故木、火与金皆有所凭借以生，而水无所借。无所借者，借于天之始化也。有借而生者，有时而杀，故木时萎，火时灭，金时蚀，而水不时穷。升降相资，波流相续，所借者真，所生者常，不借彼以盛，不嬗彼而减，则水居恒而不间矣。不乱不间，水之以信为体也。

乃若其用，坎居正北，时在冬至，阳动阴中，德室刑野，为乾长子，代天润生，物以为昌，人以为荣。乾德任生，致用在水，故肾为命枢子父之府，黄钟为律纪十二宫之准。终古给生，运至不爽，润而可依，给用而不匮，水之以信为用也。

由是观之，合体用而皆信。乃捷取其貌者不易见焉。故坎有孚，而孚亦维心。坎之心，天之心也，"亨"以此尔。

虽然，心貌异致，信在中而未孚于外，则固险矣。物之险，以信平之；己之险，以信守之。则其为信也，亦介于危疑而孤保于一心也，故曰"不失"。"不失"者，岂不斩斩乎其恐失之也哉？

故信，土德也，而水与土相依而不暂舍。以土制水，水乐

〔一〕这句据文义疑应作"知者自知"。

受其制以自存。制而信存,不制而信失。未审乎此,而欲不凝滞而与物推移,顾别求"甚真"之信于"窈冥"之中,其居德不亦险乎!故君子于德行则常之,于教事则习之,而终不法其不盈,斯亦不惑于水之貌而取其柔而无质者以为上善也。

离

圣人者,与万物同其忧患者也,生而得其利,死而畏其神,亡而用其教,故阖棺而情未息。若夫任达以怡生,恣情而亡恤,诞曼波流,捐心去虑,忧之不存,明之衰矣。易曰"不鼓缶而歌,则大耋之嗟,凶",岂以奖忘忧而废同患也哉?

尝论之。定大器者非以为利,成大功者非以为名。圣人之生,以其为颛蒙之耳目也,则以为天地之日月也。故物忧与忧,物患与患,胥天下以明而离于暗,而圣人释矣。生而身致之,圣人之力;没而人继之,圣人之心。力尽心周而忧患释,岂其沾沾然以为己之功名而利赖之!是故抚大器,成大功,特详于付托之得人。付之暗,其忧也;付之明,则喜也。幸其以明续明矣;在人无异于在己,其何吝焉,而足劳其嗟哉?

菁华既竭,古人以褰裳异姓而不伤;遂为闲人,后世以妒媚其子而不广。然则歌嗟异意,付托之际,难言之矣。而莫陋乎其有吝心。有吝心者,近而吝留于心身,远而吝留于子孙,握固天下,如死生之与共。借有贤智,编棘树藩,以左掣而右曳之。气馁援孤,卒阴获于老妇孤儿之手,以授之夷狄、盗贼而不恤。陆机之哀魏武,岂徒在稚妻少子之依依者哉?才相均,德相若,情相合,时相嬗,先后异体而同明。此而嗟焉,则气萎暮年而情长敝屣,不已陋与!

惟其然也,故九四之来,亦物理之恒,而成"突如"之势矣。帆低浪涌,肩固盗规,刚以相乘,返而见迫,悲欢异室,宾主交疑,前薪炜尽而后焰无根,以我之吝,成彼之攘,欺天绝人,无所容而不忌。三、四之际,诚今古寒心之至矣。

呜乎!无不失之天步,无不毁之宗祧,而无可晦昧之人心,无可阴幽之日月。夏、商之授于圣人,贤于周之强国;周之授于强国,贤于汉之奸臣;汉之授于奸臣,贤于唐之盗贼;唐之授于盗贼,贤于宋之夷狄。不能必继我者之重明也,则择祸莫(于)〔如〕轻〔一〕,毋亦早留余地,以揖延傅伍而进之。操暗昧之情,于可继者而吝予之,则不可继者进矣。子曰:"大道之公,三代之英,丘未之逮也。"忧周之失所继也。惟圣人(惟)〔为〕能忧其所忧而乐其所乐〔二〕,则圣人终以忧治天下之患,而岂曰苟可以乐而且自乐哉?

〔一〕"如"原作"于",据文义及本书乾卦第六论"择祸莫如轻"改。
〔二〕"为"原作"惟",据文义改。

周易外传卷三

咸

卦以利用,则皆亲乎人之事,而惟咸则近取诸身,何也?义莫重乎亲始,道莫备乎观成。以始为亲,故寂光镜影,量乍现而性无体者,不足以为本也。以成为观,故澛淖纤靡,视则希而听则夷者,不可得而用也。此圣人之本天道、观物理、起人事以利用,而非异端之所得而乱也久矣。

天、地、人,三始者也。无有天而无地,无有天地而无人,无有道而无天地。故道以阴阳为体,阴阳以道为体,交与为体,终无有虚县孤致之道。故曰"无极而太极",则亦太极而无极矣。

人之所自始者,其混沌而开辟也。而其现以为量、体以为性者,则惟阴阳之感。故溯乎父而天下之阳尽此,溯乎母而天下之阴尽此。父母之阴阳有定质,而性情俱不容已于感以生,则天下之大始尽此矣。由身以上,父、祖、高、曾,以及乎绵邈不可知之祖,而皆感以为始。由身以下,子、孙、曾、玄,以及乎绵邈不可知之裔,而皆感之以为始。故感者,终始之无穷,而要居其最始者也。

无有男而无女，无有女而无男，无有男女而无形气。气充而情具，情具而感生，取诸怀来，阴阳固有，情定性凝，则莫不笃实而生其光辉矣。故今日卓然固有之身，立乎现前而形色不爽者，即咸之所以为咸。岂待别求之含藏种子之先，以为立命之区哉？

若其身之既有，则人之于天地，又其大成者也。乾一索而震，再索而坎，三索而艮，则乾道成矣；坤一索而巽，再索而离，三索而兑，则坤道成矣；故曰"乾道成男，坤道成女"。然则坎、离而上，亦阴阳之方经方纶而未即于成者与！

故坤立而乾斯交，乾立而坤斯交。一交而成命，基乃立焉；再交而成性，藏乃固焉；三交而成形，道乃显焉。性、命、形，三始同原而渐即于实。故乾坤之道，抵乎艮、兑，而后为之性命者，凝聚坚固，保合充实于人之有身。

且夫泰者，天地之交也，然性情交而功效未起。由泰而恒，由恒而既济，由既济而咸，皆有致一之感，必抵咸而后臻其极。臻其极，而外护性情，欣畅凝定，以固其阴阳之郛郭者，道乃盛而不可加。阳不外护，则阴（流）〔波〕流而不知其所止。阴不外护，则阳焰起而不烊其和。自我有身，而后护情归质，护性归虚，而人道乃正。借其不然，亦流荡往来于两间，而无所效其知能矣。

是故以我为子而乃有父，以我为臣而乃有君，以我为己而乃有人，以我为人而乃有物，则亦以我为人而乃有天地。器道相须而大成焉。未生以前，既死以后，则其未成而已不成者也。故形色与道,互相为体,而未有离矣。是何也? 以其成也。故因其已成,观其大备,断然近取而见为吾身,岂有妄哉!

然则艮之亦取于身者,何也? 艮者,乾道之成男也。阴无成而有终,故兑不足以象身;阳函阴而知始,故艮足以象身。禽狄知母而不知父,细人养小而不养大,惟能尽人道以立极者,尊阳而贱阴。虽然,艮非无阴者也,不如兑之尚之也。咸兼所始,艮专所成。圣人实见天性于形色之中,拟之而后言,岂虚加之也哉?

恒

以居则〔亨〕,以行则"利有攸往",而值恒之时,无乎不凶,何也? 恒者,咎之徒也。非恒以致咎,其时咎也。故"亨"而可"无咎",亦靳靳乎其仅免于咎矣。

阴阳之相与,各从其类以为匹合,其道皆出乎泰否。雷风相际,或恒或益;水火相合,或济或未;山泽相偶,或咸或损。泰通而否塞,咸感而损伤,既济往而未济来,恒息而益生。以泽注山,则润而生滋;以山临泽,则涸而物敝。以水承火,则蕴而养和;以火炀水,则沸而就竭。以雷起风,则兴而及远;以风从雷,则止而向穷。

恒者,既然之卦也。阳老阴壮,为日夙矣。昔之日月不可追,而阳离乎地以且散于碧虚,阴反其居以旋归于穴壑。苟非体天地贞常之道,敦圣人不息之诚,未见其久而不衰者也。故恒者,凶咎之府。而当位者为尤甚焉,三、上之所以大逢其^(疢)

〔咎〕也。

气在内而不得出，则奋击而为雷；出矣而升乎风之上，阳志惬矣。气在外而不得入，则周旋不舍而为风；降乎雷之下，且入矣，阴情慰矣。风末雷收，非亢旱乘之，则曀霾斯起。故阴常散而缓，受交于阳而风雨时、寒暑正者，此益四"告公"之从，非恒初"求深"之获也

故之六卦者，皆与泰否同情，而以阳下阴上为正。情不可极，势不可因，位不可怙。怙其位以保其固然，故恒四跃马关弓而禽终不获，恒初陆沉隐蔽而贞以孤危。当斯时也，自谓可以永年，而不知桑榆之且迫，何施而可哉！故地贵留其有余，情贵形其未顺。挟其宜上宜下之常，求而得焉，后此者将何继乎？是以君子甚危乎其成之已夙而无所拂也。

阳奋乎上，亢而穷则为灾；阴散乎下，抑而相疑则战。天地也，雷风也，水火也，山泽也，无之而不以阳升而阴降为凶咎之门也。体道者安其故常而不能调其静躁之气，曰"吾率吾性情之恒"也，其能"恒其德"而无羞者鲜矣。非恒也而后可以恒，恒者且不恒矣。天地之久照久成，圣人之久道，岂立不易之方，遂怙之以终古乎？故曰："大匠能与人规矩，不能使人巧。"规矩者恒也，巧者天地圣人之所以恒也。而仅怙乎天尊地卑、雷出风入之规矩乎！

遁

阴长之卦，由剥而下，莫盛于观；由姤而往，莫稚于遁。观

逼处而无嫌,遁先时而早去者,何也?乘时者莫大乎位,正位者莫尚乎中。乍得所尚,虽小喜而志行;犹靳乎尊,虽将盈而意歉。故观四之视五,邈若天地而不可陵;遁二之视三,易若振落而无所忌。阳虽欲恃积刚以弗逝,其可得哉!然则阳之所以遁者,以二也。

二为小主而"小利贞"。当吾世而迫阳刚以不处,陆沉而不可拯,则小亦何"贞"之有哉?曰:阴之逼阳以遁者,时也;六之居二者,正也。正而思柔,与艮为体,而受止于三。此其为情,岂常有阴贼刑害,幸其去以遂僭侈之心乎?而当其时,则固授人以疑。无其心而授疑于人,二亦所遇之不辰矣。

则将告之曰:疑在人而自信者志,志不僭而疑非所嫌也。虽然,阳终疑而逝,则二欲达其志而不可得。其位正,其势亲,可以挽将驾之辕而莫挽之,或挽之而情不及文,文不达志,无擎固不舍之情,无流连无已之意,则且欲挽之而终不可得。是何也?阳之决成乎必遁之世者,无可前可却之几也。而又孰与谅二相挽之心邪!故白驹之诗似之矣:其可留也,则絷维之;其不可留也,尤怀音于遐心之后。"莫之胜说"而犹且说与,抑亦可以谢咎于天人矣。虽然,二岂以苟谢其咎者自谓终留阳之志哉?

鱼石之止华元也,吕夷简之荐富、范也,其情似也,而其德则非。殷之将亡,纣无遁德,而殷先王之庙社,则遘遁之时也。率汝坟之子弟,勤如毁之王家,以维系成汤之坠绪,如文王者,而后可谓"固志"焉。呜乎!难言之矣。

大壮

一

大壮之世,阴留中位,阳之长也虽视泰为盛,而与复同机。复三阴不应阴,而频复且厉;大壮之三阳阴应,而同其"触藩"之志,岂不惫与! 阳之施壮于阴也,非四不为功。震主而不嫌,犯类而不恤,四方劳劳于壮而未有宁,其俯而呼将伯之助,毋亦比邻之是求,乃舍其同气以甘阴之昵,甚矣,三之迷也!

壮者,阳之用也。阳化阴,则阴效阳为;阴化阳,则阳从阴志。物至知知,偕与俱化,而后阳德之壮,反为阴用;阴亦且乘须臾之离,恃内应而争一触,曰"我亦壮也"。是三本君子,特以荏苒私昵,投足于网罗之中而成乎厉,复谁得而援之,曰"此非小人之壮"也哉? 甚矣,上六挟不逞以犯难,而三为其所罔也!

鸣乎! 处壮之世,盖亦难矣。以德,则阳消阴也;以位,则臣干君也。汤放桀于南巢,而曰"后世以台为口实",则圣人惭矣。公羊奖赵鞅之叛,而王敦、萧道成尸祝之,曰"清君侧之恶"。尚往不止,乱臣借焉。为三不可,为四极难,大壮之吉,非贞何利哉? 故曰:"有伊尹之志则可,无伊尹之志则篡也。""正大而天地之情见",非以其情絜于天地者,鬻拳之自刖,不如屈子之放逐也。

二

处非所据之位，能因势之不留而去之，其犹足以补过乎！

纪侯大去其国，传曰"与其不争而去"，非也。纪侯之国，纪侯之据也，非大壮之五也。其犹称纪侯，犹晋执虞公，著其位，闵其亡之易而甚其无悔之劣也。齐湣辗然侈衣带之肥，晋恭欣然操禅诏之笔，有人之心者，亦何以处斯哉？

惟壮之五乎！则触藩之羊，蒙虎皮而仅立于天步，其亡也，忽焉其势也，与哉其理也。天迟回于久厌之心，而需期已届；人愤懑于无君之憾，而待旦方兴。藩决矣，舆壮矣。是积霭欲澄，东光初起之候也。丧之易，非羊之不幸也。知其易，不惊其丧，则可以自保，可以保其子孙，可以不贻惨毒于生民，可以不羁天诛于旦暮。闰有归而朔旦正，蛙已静而雅乐闻，则以谢前者妄窃之辜，而又何悔之有焉！

故妥欢帖木耳之浩然于沙漠也，君子谓之曰"顺"，嘉其"无悔"之情也。完颜氏不遑而糜人膏，析人骨，争死亡于蔡州，角之赢，亦心之憯矣。金源绝胤而蒙古之族至今存。祸福无不自己求之者，岂不谅夫！

晋

晋，进之也，延阴而进之也。夫物以同类为朋，类以相从为协。晋自观来，阴舍四而上处五，是殆绝其类矣。而恶知绝其类者为即尊而开其进之途径乎？

晋五之于阳,需五之于阴,宋入而据其尊,操彼之从违而招我之侪伍,有同情焉。需需阳以主阴,晋进阴以篡阳,情相若,道相反,晋非君子之卦也。则何取于"康侯"之绩乎?

离,丽也。丽乎阳者,非求以消阳也。阳明而阴暗,阴不能自明,故往丽焉。阳翕而专,阴辟而化。阳处阴中,不随阴暗,故水内景;阴处阳中,随阳而明,故火外景。阴丽乎阳,依阳外著,延照三阴,俾不迷于所往,故离位在午,德任向明。然则五之进其类以升者,将欲祓濯昭苏,革其夙滞,以登于清朗。在观之四,且观光于自他之耀,而今自有之,则可不谓人己互荣者与! 夫然,而九四之阂于其中以塞阴之进也,亦鄙矣,宜初之傲不受命而不失其"裕"也。

是故阴阳有定质而无定情,君子小人有定品而无定性,则亦乐观其自处者何若也。五惟自昭而昭物,故福锡其类,可以履天位而无惭焉。虽然,四且疑之,上且伐之。阳失位而志不平,亦其宜也。春秋序五伯之绩,而易许晋之"康侯",其圣人之不得已者与!

明夷

阳进而上三,阴退而下二。进而上者志在外,退而下者志在内,皆绝群之爻也。明夷之象,二顺服事而三用逆取,五贞自靖而四出迎师,则君臣内外之势,其亦变矣。

夫四,与坤为体,而上晦而不见知;与初为应,而初高而不可继。则乘时之士,弃晦从明,反思自效于"南狩"者,在纣其为商容而不为祖伊与？

坤离殊分，臣主异势。上虽暗极，积厚居尊，四国为朋，同恶相依。六四身与同侪，地与同国，其虚实前却之故，知之深矣，故阳与共事而密观其衅，"获心"而尽彼情形，"出门"而输于新主。则甲子之朝，倒戈北向者，非无有以为之内应也。故暗主淫朋离心离德之隐微，久已听大邑之区画，五虽婉恋以昵于宗邦，麦秀之渐渐，不能谋狡童于秘地矣。故鸣条之誓辞，靳靳其未宣也。武王暴纣之罪，宫壸游观、老夫孕妇之毫毛纤芥而无不悉，士女玄黄、震动臣附之合离早暮而壹不爽其所料，谁令传之？谁与验之？我知"获心""出门"者之夙输为"南狩"之资也。

然则圣人将以崇阴谋而奖乱乎？曰：上之暗也，失其位也。失其位，则天下之攘臂而觊之者，岂但我哉？授之人也，则不如在我。内揆己德，丽天而明，可以征矣，然且孤注寡谋以召败。彼惛不知，终不足以延登天之势，则盗窃纷纭，晦以承晦者，天下终无昭苏之一旦，岂但十五王之令绪坠地以为忧乎？絜大公之情，求同患之志，"上帝临汝，勿贰汝心"，则功名谋略之士，亦乐进焉，而不复望以松筠之节矣。

宋襄之愚也，却子鱼之谋，而荆蛮气盛。故不如鄢陵之役，贲皇在侧，而一矢壮中原之势矣。成则配天，败则陨祚，岌岌然得失在俄顷之间，而敢以天命民生浪掷而不恤也哉？是故西周之灭也，犬戎蹂乎镐京，幽王死于贼手。秦于是时，进不能匡王国以靖臣义，退不能剪豺狼以请天命，苟安窃取，偃卧西陲。数十世之后，乃始诈给毒刘，争帝于戈铤之下。失正统者三十余年,际杀运者四百余岁,机失事非,混一而名终不正,再传而天下瓦解,岂徒在攻守异势之末流乎?故谋之周,行之决,进乘时之士而与共功名,未可以贰于所事而厌薄之也。

虽然,极明夷之变,序"南狩"之绩者,周公也。文王之当此,则曰"利艰贞"而已。故周德之至,必推本于文王。而武、周之事,仲尼勿详焉。武、周之功,王之终而霸几见矣。当其世而有君子者,"于飞""不食",而勿恤"主人"之言,岂非正哉?商容之闾虽式,雒邑之顽民,公亦不得视飞廉之罚以剪除之。初九之义,公之所不得废也。"南狩"之世,无"于飞"之君子,君臣之义息矣。义者,制事以裁理也。王逢处晋之世,而效明夷之飞,人之称此以"不食"也,何义乎?

家人

居尊则喜,处卑则忮,情之常也,虽阴阳而吾知其且然。家人之体,九正位乎五,二不敢干,四不敢逼,以分正情,而忮消乎下,则阴固自处以贞矣。阳居中得正,大正以率物,何患乎阴之不从!而家人之申训,惟在"女贞"者,何也?

阳刚有余,阴柔不足。有余者盛,不足者争。同处而争,阳尊不保。故阴乘阳,女亢男,天下亦繁有之矣。家人之体,巽与离皆阴也。阴主阳宾,而阴能自守其位,其犹女道之本正而无颇者与!虽然,各处其位,未有歉也;使之止而不泆,静而不竞,刚明外护,以成女之贞而不过者,为"闲"为"威",初、上之功亦大矣哉!

故阴阳得位之卦四:曰渐,曰既济,曰蹇,曰家人。彼三卦者,皆增阴而启其竞洗:渐疑于下靡,则初厉于小子;既济嫌于上滥,则上厉于濡首;蹇辟户以四达,而终以陷阳而几不得出。其惟家人乎! 闲之于下,许子以制母;威之于上,尊主以治从;而后阴虽忮忌柔曼以为情,终以保贞而勿失矣。

或曰:德以绥顺,威以莅逆。二中而为离明之内主,四退而成巽顺之令德,是物本正。而过用其刚,不已甚乎?

则将释之曰:以言乎天地之间,其初岂有不正者哉? 虽有哲妇,始必从夫;虽有嚚子,生必依父;是位本正也。闺闼之内,绝爱则夫妇楛;庭帏之下,寡恩则父子离;是情本正也。因其正位,用其正情,习以相沿,而倒施戾出之几,成于至微,而终于不可揜。故君子不强裁以分之所无,而不忽于名之本正,然后正者终正而不渝。故曰:“发乎情,止乎理,和乐而不淫,怨诽而不伤。”逮其既淫既伤而治之,则戕恩害性之事起矣。

言前有性以为物,行余有道以为恒,初、上所以立位外而治位中也。涉于位则情已发,情已发则变必生。三入二阴之中,赪色危颜以争得失,“妇子嘻嘻”,终不免矣。<u>颜之推</u>曰:“<u>梁元帝</u>之世,有中书舍人严刻失度,妻妾货刺客,伺醉而杀之。”以身试于女子小人之间,授以不正而开之怨,又非徒吝而已也。

睽

一

阴阳失位而至于睽矣,则猜忮乖离,固有出于情理之外,而值其世者恬不知怪也。阳屈处于二、四，其睽也何尤焉！阴进宅于三、五，可以无睽矣，而燥湿异其性情，非分生其矜忌，傲不恤群，成乎离泮。甚哉，小人之不可使乘时而得驾也！

虽然，其犹有差等焉。五履天步而明，三处争地而莠。其使宁谧之世，戈鋋横流者，三其为戎首与！才均相逼，激以寡恩，故蔡攸不得全其毛里之仁，张、陈不能保其刎颈之谊。虽然，天下将视其凶终而莫之平与？曰：初、上，其平之者也。

初、上之于家人也，闲之于本合则易为功；于睽也，合之于已离则难为力。逮位之已失也，初、上以柔道散之而奉阳为主，则解免于险；初、上以刚道固之而反为阴用，则睽终以孤。孤而且难，初、上之技亦穷矣。然而平其不平而治其乖者，天之道也，阳之任也。初、上亦何道以当此而无伤乎？

夫情称乎时者也，事因乎位者也。刻桅不可以得剑，尸祝不可以佐饔。均为阳刚，而位异则异所向，时殊则殊所施。处乎睽之初、上，道各相反以相成，而后术以不穷。

上居尊而俯临以治下，初处卑而出门以合交。治下用刑，合交用礼。初与三为同体，上与三为君臣。小人之忿争而不洽也，责望其党以连类之戈矛，犹惧其君有正己之铁钺。同体而相规，则激而赪怒室之色；居高而不我治，则狃而尽攻击之力。初而"张弧"，则救斗而搏撠；上而"勿逐"，则救焚拯溺而用采齐、肆夏之周旋。

是故朋党相倾之世，殆亦非无所忌也。其上养祸端而不辨，其下操清议而不戢。建安遣谕而绍、瓒益争，天复讲和而邠、岐愈构；唐文拟之于河北而见为难，宋徽持之以"建中"而

"国"卒不得"靖"。谁实非臣？仰给于我之膏雨，而不能〔操〕其斧銶，则何惮而不任气以竞雄也？乃为之下者，处士浮议于道涂，小吏亟持其长短，以引去为孤高，以蒙祸为荣誉。而阴邪狠骜者，假柔主之权，俯而排击，偃月威张，风波狱起，燎原益逞，四海分崩。若令辨之于早，上秉典型而下敦礼让，则岂有此患哉？呜乎！能以此道而治暌者寡矣。自汉(亡)以来，败亡之轨若一辙也。夫天下不能无暌，而有以处之，则天地、男女、万物，"以同而异"者，于异而能同；"辟咎""亡疑"，岂忧其散之不可收哉？

然则二与四其无责乎？失位而处乎卑，居争世而争不自(已)〔己〕[一]，二守中而四居退，间关勤困，求所偶而托以诚，自固之道也。久矣，其不复能他及矣。故以恕待之，而不施以悔吝之辞。

二

阴阳之用，君子恒用其壮，异端恒用其稚。用其壮，故直养无害，而塞乎天地之间；用其稚，故处锊致柔，而苟善其全躯保妻子之术。盖阴阳之功效，各自其性情而生：阳动而躁，躁则忧其终穷；阴静而缓，缓则乐其后裕。故震奋而巽弱，坎险而离附，艮衰止而兑欣悦。用阳之壮，则迅起而有功；用阴之壮，则披拂而易制。其稚者，阳替其功，阴难于制，异端顾利用

〔一〕"己"原作"已"。这句是说党争不是由二、四自己造成的，据文义应是"己"字。本书"己""已"多互误。

之,以其弱之动、反之用为形君气母而宝之焉。甚矣,其逆唱和之经,而无以克天地之家也!

故易之顺用于阴阳者四:雷水而解也,风火而家人也,皆用其壮者也;水山而蹇〔也〕,火泽而睽也,皆用其稚者也。雷水而解,解则辟,辟则阳得以交阴,而成其广生;风火而家人,家人则翕,翕则阴得以交阳而相其大生。故句萌甲坼生于解,夫妇父子生于家人。生因壮而成形,形因壮而凝性也。性凝气盛,乃以塞天地之间而无惭。

若夫阴稚而睽,阳稚而蹇,则异是矣。阳衰止而不足以生,阴熟尝而果于杀。故见险而止者,彼所谓虎兕无所施其攫也;柔进而上行者,彼所谓万物之生脆弱也。亦聊以自固其生,而卒不知其滨于杀矣。蹇以险为主,故其流而为申、商,纳天下于艰难,而苟居其功;睽以争为道,故其流而为阴符,斗天下于机械,而密用其盗。此阳稚而弱、阴稚而荡者必然之数也。择阴阳而(论)〔利用〕者,其尚辨诸!

蹇

一

困刚揜也,蹇亦刚揜也,而蹇为甚。困外困之,蹇自不能前也。困阳盛而愤盈,蹇阳孤而自保,故以吉凶言之,蹇优于困矣。志盛者怨时命之不夙,情孤者抱惴志以临渊。然则困且求伸,蹇终自囿矣乎?乃君子之欲伸困而勉蹇于不自囿,其情同焉。

有小喜者必有大愁,有深疑者必有定虑。许其止也,不许其终止也。三进而五中,况其位之未亡者乎!为五慰曰:"大蹇"则必有"朋来",何所忧疑于曾波危岸之下,而谓出险之亡其期乎?

夫五之所望者朋也,而朋亦未易致矣。水居高而不给于流,其利薄矣;山载水而不足以厚,其势夷矣。夫欲有为者之效死于功名,利劝之耳,势动之耳,舍此而其术穷矣。况其相顾而不前,名亦不损,居亦有归,同来亦有群,仳仳之屋,尚庐尔庐,薇薇之谷,尚田尔田;何为舍乐土之优游,迁王都之多故者哉?故一念以为往,一念以为来。(往)〔来〕之名实未丧,而(来)〔往〕则其蹇均也。将以止乱而无定乱之期,疑于怀土而亦有安土之义,则忠孝之情,裴回未决,时实为之,道不得而咎咨之也。成乎大蹇之势,不息其大蹇之心,然后可以激天下之愤心,而蹢躅者亦为之扶杖而起。人也,抑天也。天亦自处于蹇以激气机之复,而况于人乎?

是以石室既囚而后种、蠡奋,三户已徙而后陈、项起,渐台既改而后诸刘兴。夫椒未败之前,寿春未灭之日,孺子之名尚在,元后之玺未投,忠志之士未尝无悲闵之心,而时在难争,名犹未正,则以"中节"之大人,不能必天下于往来。况其寝衰寝微,无求伸之志者乎?

二

夫情遇乍矜,则投兔或先;感因同类,则代马必悲;准义推情,曾悠悠者之无终靳。奚况乎类同刚正,分系君臣,呼号相闻,泥中不恤,而乃牵情小喜,遇险倦归,斯不亦刻薄寡恩、孱庸不振者乎?三为艮主,五之所求,"来反"偷安,实兼斯(吝)〔咎〕[一]。而圣人奖其"能止",许以"智"名,则何以服二、上越险而忘身,居高而下应者哉?三为智,则二、上为愚。抑相率以乖离,而后得免于违时之诮邪?

曰:以智处蹇,是或一道,而岂许臣子之奉为典要与!夫三非无能往之志,而非有可往之时也。水流山峙,既终古而不相知;彼德我才,亦欲谐而非其事。且拯患者有不拯,而自固者无不固。今使三攘袂而起,越疆图远,而进即于非次之居,则抑为萃之九四,疑不释而道愈孤,又奚益哉?身安而后动,交定而后求,毋亦自固于敦止之地,合初、二之交,以示声援之有在也乎!大智者无智色,用愚者有智功。况均在刚撰之中,未见其力之独优于五也?则抑养其力以需时可矣!若夫顾妻子以萦怀,畏遭回而却步,鄙夫情短于饲猪,壮士魂移于高会,庸流以为智,君子以为愚矣。

虽然,三之先己后公,恤利害以图万全者,抑絜于二而有惭也。何也?以五之终不免于"大蹇"也。故以智处蹇,期于功立而蹇释;以蹇终蹇,道在诎智而伸愚。蘧瑗之保身,甯俞之卫主,道不同,亦各因其时也已矣。

〔一〕"咎"原作"吝",据文义改。本书"咎""吝"多互误。

解

一

夫动而滨于险者,在我与在物同有沦胥之忧;其能免也,物免而我亦免。而矜独任之劳,据功名之盛,则德量损而令业不终。其亦有捐此而昭大信于天下者乎?则岂不贤乎!

是故解四之以解为己任,而奋击以解之也:二则其朋也,而不相应;五、上则其长也,而不相协;阴阳异。初、三则其敌也,而固不相谋。不谅于二,朋友以为疏己矣;不合于五、上,君长以为逼己矣;不格于初、三,异类以为伤己矣。惊百里而破群幽,得免而喜,乍免而疑,将驱除之绩未终,戈矛之衅内起,我将为四危之矣。而四以得"孚"者,何也?

夫不自信者召疑,处甚高者寡与,期有功者来忌。是故当位而利行者,功之所归,望之所集,有为而为,有获而返。凡此四者,同类且忮媚之,况异己之蒙其惩创者乎?若夫解四之不当位,则终古而无当位之日矣。先之非物所望,后之非功所归,无所为而为,不获居尊而退。四退爻。故其解也,适见沦陷之难平而为之不宁,弗待同志之先要而引为己任,亦但曰险不可终而物不可终险也。拊手挥散,孤掌独鸣,天位无苟觊之心,将伯无助予之望。是故三阴之"狐",六五之"黄矢",以归"获"于二;居尊而"有解",因人而成功,以归"吉"于五;震功成而隼获,坎道夷而悖解,以归"利"于上;而后远二之处险而

二不以为疏,临五、上之阴柔而五、上不以为逼;无不自信则疑
去矣,处不綦高则忌忘矣,功不期有则谤消矣。此"朋至"之
"孚",不疾而速,所由异于蹇五之"朋",需之或然或不然而幸
其来也。

二

能得其情者,必与同才者也;能治其妄者,必于乘时者也。
才不相肖,言而不亲;时不乘权,威之未服。是以叔鲋说而季
孙归,城濮胜而卫侯誉。故卞璧暗投而见疑,虚舟偶触而无
怨。虽有盛心,与以那福,而才不相如,时方未集,固未足以消
危疑于当世矣。

今以解四之震动不宁,而释天下于险阻,非徒四享之,非
徒赠二而分享之,亦所以作主于群阴而调天下之怨也。然而
阴阳异才,刚健失位,岂特负乘之六三,即初亦不必其孚矣。
是何也? 彼方锢一阳而坚持其险也。

迨于六五,而时乘天位,才共阴柔,小人之趾足以望者冀
与同情,而五则借解于四以成其君子,欢然相得,纳其昭苏,于
是进同类而与谋,诏出险之攸利。则非特际刚之初、六乐与同
功,即三方窃君子之器,亦失援消归,继之以孚而不贰矣。是
何也? 群心已喻,物难已夷,不退何待? 不孚何求? 无所用
险,则有所用解,亦(世)〔势〕之自然也。而后捐狙诈,罢戈矛,
泮涣销融于雷雨之余。倘其不孚,上抑可关弓注矢,而非无名
之师矣。

雷之兴也,气动于地中,功出于地上,彻于至高,而后敢凝

阴以既雨,则是五为震功之盛,而上乃震变之通也。处盛功者
不劳,极通变者无咎,故于上有待时之辞焉。然则四其时之未
至乎！时未至而援剑叱车,濯冯生之忧患,故终叹四德之盛,
非圣人不足以当之。

损

泰者,天地之正也。惟至正者为能大通,故曰"一阴一阳
之谓道"。建立于自然,而不忧品物之不亨矣。乃性静而止,
情动而流；止以为畜,畜厚则流。迨其既流,不需其长,随应而
变,往而得损者,亦固然之势矣。

虽然,其往也亦有差焉:恒初往而变四,舍无位以就有位,
为致用也；既济二往而变五,中未失而得其尊,为居正也。皆
未有损也。损三往而变上,高而无位,极而不返,为宾于阴而
疏远于阳,则往而损矣。

是故损之将损下以益上也,初有损之心,而势远难致,则
谦让而用"酌"；二有损之责,而怙中不舍,则自保以居"贞"。
居贞者既以损委于三之遇,用酌者抑以损任夫三之才,地近易
迁,怀刚处进,故毁家纾上,绸缪胶固以合少男少女之交,为三
之独任而无所辞。道在忧时,心无惮往,虽交失其位而不恤,
荐苹藻而永绸缪,损之所以为"有孚"。然而君子之用损也,亦
止于此而已矣。仅此则专,而过此则疑矣。

夫阴阳之未用,先正体以定位；阴阳之既用,尤立体以达
权。立体达权则志贞而不靡,任权堕体则游惰而忘归。乃阳

之载阴,喜浮而亟往;阴之乘阳,喜沉而便来。来者日安,往者
日危。阳丧其居以助阴之来返,则损极而伤矣。故酌之而不
嫌其过慎,薄享而不责其已凉,所以立阳体于不穷而节阴情以
各正也。

过此,固不得免于疑矣。任阳之浮,往而不止;徇阴之便,
来而无嫌;受污垢以为量,乐虚旷以为高;极不知裁,不变否而
不已。于是地绝天而柔制刚,亏减之归,人道以息。善保泰
者,能勿戒心于此乎!

故君子之用损也:用之于"惩忿",而忿非暴发,不可得而
惩也;用之于"窒欲",而欲非已滥,不可得而窒也。此"二篇"
之不必其丰,而盈虚之必偕于时者也。是何也?处已泰之余,
畜厚而流,性甫正而情兴,则抑酌其遇,称其才,而因授之以节
已耳。若夫性情之本正者,固不可得而迁,不可得而替也。

性主阳以用壮,大勇浩然,亢王侯而非忿;情宾阴而善感,
好乐无荒,思辗转而非欲。而尽用其惩,益摧其壮;竟加以窒,
终绝其感。一自以为马,一自以为牛,废才而处于锌;一以为
寒岩,一以为枯木,灭情而息其生。彼佛、老者,皆托损以鸣其
修。而岂知所谓损者,因三人之行而酌损之,惟其才之可任而
遇难辞也。岂并其清明之嗜欲,强固之气质,概衰替之,以游
惰为否塞之归也哉?

故尊性者必录其才,达情者以养其性。故未变则泰而必
亨,已变则损而有时。既登才情以辅性,抑凝性以存才情。损
者,衰世之卦也。处其变矣,而后惩、窒之事起焉。若夫未变
而亿其或变,早自贬损以防意外之迁流,是惩羹而吹齑,畏金

鼓之声而自投车下,不亦愚乎!

益

一

受命者期肖其所生,报生者务推其所利。今夫天地以生为德者,水、火、木、金,与人物而同生于天地。迨其已生,水、火、木、金不自养,天地养之;天地无以养人物,水、火、木、金相化以养之。生者所受也,养者所利也。水、火、木、金相效以化,推养而施于人物,其以续天地之生,而效法其恩育,以为报称者也。

是故五行相养以养群有。受养为壮,施养为老。震位乎寅卯,近水而受滋,木之壮者也;巽位乎巳,近火而施爇,木之老者也。由震而阳上行乎巽,木渐乎老。故无见于此者曰:"木王于卯,衰于辰,病于巳。"其然,将怙养吝施,苟全其形质以居繁富,而沮丧于功用以避菁华之竭,其亦鄙矣。故彖曰:"利涉大川,木道乃行。"

董子曰:"圣人以仁爱人,以义制我。"震生巽而不忧其穷,则以义制我而不保己以贪其利也;巽达震以普散其材,则以仁爱人而不靳恩以怙其私也。迨其极也,火受木生,而木因火息。薪而焰,焰而烌,木且不足以存。萌而荣,荣而实,岁云落矣,黄陨而资人物之养,木抑仅有存者。大哉!终不私靳其滋荣。木之道,体仁之全,而抑自裁以义矣。是何也?肖其所生,推其所利。木长四时,首为天地之功臣,道在必行而无容已者,不及是而道未足以行也,故曰"木道乃行"。道之益,岂问器之损哉?

或曰:"圣人立本以亲用,厚生以厚物之生。使损己而往益,则何以异于墨、释邪?"

曰:拟圣人于阴阳之气数,则各有道矣。圣人者,非必于阴阳而刻肖之也。阴阳与万物为功而不与同忧,圣人与万物同忧而因以为功。故匮而不给之患,阴阳不患,而圣人患之。推移往来,阴阳以无涯而递出;博施忘己,圣人以有涯而或病。圣人节宣五行而斟酌用之,同之以有功,异之以有忧,权其施于仁义,止其事于知能,"长裕而不设",因以兴利,亦可尽才以配阴阳矣。故益者,圣人忧患之卦也。

二

阳清而亢,轻利而任气;阴浊而幽,取实而后名。益初之阴迁而居四,贸四之阳为主于下,居得为之地,行消否之权,则阴益而阳非损矣。

四之象曰"告公从"。往告而几其从,有喜词焉,则惟恐其不从,而幸其从也。用是见阴阳否塞之代,阴非无向化之心;特其情柔而用幽,虽愿依阳以为益,而无先求于阳之事。

乃阳据尊高而相拒,时过而恝于必去,则观望于下者,始于惭,中于忍,终于忮害而与为敌,曰:"彼亦一乘时也,我亦一乘时也。时方在我,彼且孤高峭洁,终绝我于酬酢之涂,则我亦可拔茅汇进,建垒以相拒矣。"今阳先下降以施,阴遂上迁以报。退谐得主之欢,进获宾王之利。于是睨天位之方尊,恐刚情之难格,飘摇异土,沐浴新泽,顾瞻俦侣,各畛殊疆,乃始婉嫕殷勤,通词而若不逮矣。幸其从而"利用为依",周旋不舍,以消宿否之气,故曰:"损、益,盛衰之始也。"借非阳上损以施于阴,亦何以起积衰而向盛哉?

故小人革面之难,非君子之忧;而君子过亢之终,亦小人之无可如何者也。迨其相得无嫌,此以德来,彼以情往,巽户既开,雷鸣斯豫,成施生之益,合天地之交,即以絜之太和之诉合,亦蔑以加矣。而上九之亢不知制,犹从而"击"焉,将何为乎?故观于四,而后知初德之盛也。大易于此,岂但致抑阴之词,使之必告而诱以所利也哉?

夬

善致功者,用独而不用众;慎修德者,谨始而尤谨终。众力之散,不如独之壹也;终事之康,不如始之敏也。

夬以孤阴寄积阳之上而无位,振蒙吹槁,阳势已成,其于决也何有哉?然而女稚善媚,位穷辞哀,以请苟延之命于群阳者,阴固未尝忘卷土以重来也。乃阳之往决也,必有所任。将任之于五,则五与之昵;将任之于四,则四与为体;将任之于三,则三与为应。连鸡形成而踌躇相顾,吾惧其如六国之扣函关,九节度之临相州也。其惟任之初、二乎!而初不足与为功,则二专其事矣。

夫二非专夬者,而不得不专。寝处其上者,已怀外靡之心。二为夜戎，戎起于近，难伏肘腋，宵旦不宁。不敢告劳，而远攻碍于近掣；成功无日，而同室且有异心。若是乎任事之难，"一箦"之劳，烈于"九仞"矣。故上六之凶，必待之"无号"之后；而方其众寡相持之顷，则以号敌号而未有逊志。夫非阳之处盛而众疑者，授之展转以得有其辞哉？非然，则穷散消归，久无复然之望矣。故"终有凶"者，夬以后之事，非夬世之邃然也。

五阳在位，而一阳之待生于下者，犹蛰伏以需将来。逮乎需者必起，渐次相临，然后五不得洽比其邻，四不得纠连其党，三不得私阿其配，上亦无所容其无情之辞。盖亦难矣。藏众于独，养终以始，藏者发而养者全，然后乾德成而性命正，岂能卒得之"遇雨""次且"之世乎？故君子积慎以思永，恒豫治其未至之日月；端士纳正以消邪，必多得之继起之后贤。养勇静谧，而怀情延揽，用斯道也。彖所谓"利有攸往"者也。"刚长乃终"，刚不长则无以保其终矣。夬之众，不如复之独也。

姤

君子之道，美不私诸己，恶不播于人，故善长而恶短。善长者长于所扬，恶短者短于所遏，则善虽微而必溥，恶在著而不宣。盖君子者，以扶天之清刚，消物之害气，长人道而引于无穷。故奖善止恶，以凝正命，于彼于此，无所畛限，无穷之生，一念延之，而人类遂绝乎禽（兽）〔狄〕矣。而苟私善于己，散恶于众，则杀害日进，清刚日微，无穷之生，一人尼之，而人类亦渐以沦亡焉。

剥之六五，上承一阳，柔不私美，"以宫人宠"，则善虽微而长；姤之九二，下近一阴，刚不播恶，"义不及宾"，则恶在著而短。有者，不有者也〔一〕；不及者，所可及也。凡斯二爻，位虽未当，而中正不偏，以其广心，成其义概。大哉，其善于因变者乎！

姤、剥之世，均为阴长。姤初遇而剥滨尽，则剥五难而姤二易。公善于同类，为众誉之归，引咎于一身，居积毁之地，则剥五易而姤二难。剥以劝阴，姤以责阳，劝易从而责难副。"以宫人宠"，道固然矣，而曰"无不利"，其以奖掖小人而君子；"包有鱼"，可以"无咎"矣，而且曰"不利宾"，其以责备君子而圣人与！

呜乎！处非望之咎，逢蹢躅之豕，五阳所同也。然而远近之差，遇不遇之际，幸不幸存焉。乃小人之遇此也，与相狎昵而波流者，不知恶也。其天性之近善者，知恶之矣；恶之弗能远之，而妒能远者之洁不受染，于是己之溺惟恐人之不胥溺也，蔓而延之，多方以陷之，不尽天下以同污而意不释；至于非意之风波，无情之谤毁，总以分其独近小人之耻。则九五陨天之休命，亦蒙其累而不足以承。

夫始之知恶而耻之也，亦天理之犹留于清旦。而逢命不犹，周章失据，吹飏凶德，辱逮清流，则小人之恶始剧。而当乱世，遇淫朋，其欲自好以免于羞者，盖亦危矣。时命无恒，躬丁

〔一〕"有者，不有者也"，嘉恺抄本作"以者，不以者也"。这句话是承上文"以宫人宠"而言，据文义，疑应作："以者，有不以者也。"

不造,不履其机,不知其苦。<u>庆历飞云骔</u>之书,柴市传黄冠之请,虽千秋之昭晰难欺,而一时之波涛亦沸矣。然后九二长者之德为不可及也。

虽然,当斯世者,幸得二以为主而己宾焉,则群阳之福已。借其不然,君子遂无以自处乎?姱修益实,过洁而远去,履美而不炫其名,生死与共,而无已甚之色,苍天指正,有陨不诬,彼媚而欲分恶以相赠者,终亦弗能如天何也。故无望人者五之志,"不及宾"者二之义。志、义各尽,以处于浊世,祸福皆贞,生死如寄,人之不沦于禽(兽)〔狄〕,尚赖此夫!

萃

"无咎"者,有咎者也,故曰"震无咎者存乎悔"。悔而得无咎,抑可许之"无咎"矣。萃,咎之府也。而爻动以其时,仅然而免,故六爻而皆起"无咎"之辞焉。

曷言之?阴阳之用,以和而相互为功。奠之于所各得,则秩叙以成;纳之于所不安,而经纶斯起。中外无一成之位,则疑忮之情消;出入有必均之劳,则节宣之化洽。夫安有各纪其党,保其居,而恃以长年者乎?故曰:萃,咎之府也。

升、小过亦聚矣,而位非其尊也;大过亦聚矣,而应非其正也。非其尊,无可席之势;无其应,无可恃之情;则其聚也不坚,而不召咎以生其戒心。萃刚居五而四辅之,履天步之安,得心膂之寄,人情翕然,进相唱和,俯仰顾瞻,无有能散我之交者。虽然,而势亦危矣。"不虞"之害,知者灼见于未然,则祷祀终而兵戎起,非过计矣。何也? 天下固无有挟同志以居尊,闭户握手,而投异己者于局外,持之以必不我违之势,可以远怨而图安者也。

故二之应五,未必其孚也;"孚乃利用禴",有不孚而姑禴者矣。初之应四,孚且"不终"也;弗获已而求合,有笑之者矣。三与上,则既不我合,而抑不(成)〔我〕应,弱植散处于淫威孔福之劳,漠然无所于交,载"涕"载"嗟",畜怨于傍窥也,亦将何以平之哉? 故怒者可抑也,竞者可释也,积悲叹而不敢言,"不虞"之戒,勿谓三与上之柔不足忧矣。

夫泽亦水矣。乃泽者有心之化也,水者无心之运也。比以一阳坦然履五阴之中而无忧,无心焉耳。萃得四而群居,积泽而无流行之望,则心怙于所私。以私而聚,以私聚而不孚,以不孚而咎。沾沾然恃其位之存,党之合,物之不容已而〔与〕我应,以斯免咎,亦靳靳乎其免之哉!

其惟庙中乎! 神与人无相杂也,能感之而已足矣。观时失而无可为,则以神道荏人,而权留天位;萃位定而有可孚,则以鬼道绝物,而怨恫交兴。保匦潴之流,绝往来之益,君子之道而细人之昵,难免于咎,能勿虞乎!

升

圣人之动,必因其时。然终古之时,皆圣人之时也:时因其盈而盈用之,因其虚而虚用之。下此者,则有所怵矣。有所怵者,有所疑也。疑于道之非与时宜,则贬志以几功名;疑于道之将与物忤,则远物以保生死。故一为功利,一为玄虚,而道为天下裂。如是者,皆始于疑时,终于疑己。

夫己亦何疑之有哉?审己之才,度己之量,皆无所待于物而为物之待。天命之体,煌然其不欺也。无待于物,则至正矣。故小功乍集而失道,小名外溢而失德。为物之待,则大公矣。故天下死而己不独生,天下生而己不忧死。而才不审乎正,量不致其公;骛于才,则惊功惊名而以为物即己也;歉于量,则惊生惊死而以为物非己也。疑于己(而)〔则〕失本,疑于物则争末。之二术者,分歧以起,而国终无人。此无他,疑不释而怵然于所升也。故于时有疑焉,于位有疑焉。

疑于时者曰"五帝不袭礼,三王不沿乐,虽驱世而笑我,我必有其功名";而卓然自信,立己以为时之干者,昧不察也。疑于位者曰"庖人虽不治庖,尸祝不越樽俎而代之";而坦然自信,推己以济位之穷者,昧不察也。则是盈可用而虚不可用也。且使之用盈,而诡随之术,荡洗之智,抑习用而不贞之冥升,则疑之害亦烈矣哉!

故升之世,非刚之时矣;升三刚而不中,非升之位矣。上窥天位,阒其无人,沕阴上凝,旷无适主,时之不盈甚矣。乃疑者疑以为畏涂,无疑者信以为坦道。秉其至健,进而不忧;涉彼方虚,旷而不慑。子曰:"大道之行,三代之英,丘未之逮也,而有志焉。"其为圣人之时,岂必尧君舜相,民诚物阜,而后足以当圣人之升哉?

然则不系以吉凶者,何也?不可得而吉者时也,不可得而凶者道也。欲尽其道,而以吉凶为断,则疑将从此而起矣。呜乎！圣人之才，圣人之量，圣人之自信，圣人之信天下，"升虚邑，无所疑也"，岂易言哉！岂易言哉！

困

一

人之有生，天命之也。生者，德之成也，而亦福之事也。其莫之为而有为之者，阴阳之良各以其知能为生之主，而太和之理建立而充袭之，则皆所谓命也。

阳主知而固有能，阴主能而固有知。太和因阴阳以为体，流行而相嬗以化，则初无垠鄂之画绝矣。以其知建人而充之，使其虚者得以有聪明而征于实；以其能建人而充之，使其实者得以受利养而行于虚。征于实，故老耄而忆童年之闻见；行于虚，故旦起而失夙夜之饱饫。谁使之虚实相仍而知能交益者？则岂非命哉！

然天之以知能流行于未有之地，非有期于生也。大德在生，而时乘其福，则因而建立之，因而充袭之矣。以知命之，而为五事，为九德；以能命之，而为五福，为六极。凝聚而均授之，非有后先轻重于其间，故曰：皆所谓命也。

而二气之方锡，人之方受，以器为承而器有大小，以时为遇而时有盈虚。器有大小，犹疾雨、条风之或生或杀也；时有盈虚，犹旦日、夜露之或暵或清也；则受命之有余、不足存焉矣。有余、〔不足〕之数，或在德，或在福，则抑以其器与其时。

或胜于德而不胜于福,或胜于福而不胜于德,犹蝉、蛸之于饮食也;有时俭于德而侈于福,有时俭于福而侈于德,犹西飙之稼不成穧,而寒暑之疾能失性也。如是者,有余、不足,皆非人所能强。非人所能强,听命之自然,是以其所至者为所致。则君子之于困也,因之而已,而何有于"致命"哉?

夫致者,其有未至而推致之,以必至也。尝与观于虚实之数量,则知:致德命者,有可及乎上之理;致福命者,当穷极乎下之势;而无庸曰自然。自然无为以观化,则是二气之粗者能困人,而人不能知其精〔者〕以自亨也。

请终论之。以知命者以虚。虚者此虚同于彼虚,故太空不可画以齐、楚。以能命者以实。实者此实异于彼实,故种类不可杂以稻粱。惟其同,故一亦善,万亦一善,乍见之心,圣人之效也,而从同以致同,由野人而上,万不齐以(致)〔至〕于圣人〔一〕,可相因以日进,犹循虚以行,自齐至楚而无所碍。惟其异,故人差以位,位差以时,同事而殊功,同谋而殊败,而从异以致异,自舆台以〔上,万不齐以〕至于天子,各如量而不溢,犹敷种以生,为稻为粱而不可移。故虚者不足而非不足,天命之性也;"善恶三品"之说,不知其同而可极于上也。实者不足则不足矣,吉凶之命也;"圣人无命"之说,不知其异而或极于下也。

抑太和之流行无息,时可以生,器可以生,而各得其盈缩者以建生也,则福德俱而多少差焉。迨其日生而充其生,则德

〔一〕"至"原作"致",据下文"自舆台以上,万不齐以至于天子"文例改。

可充也,福不可充也。非有侈德而无侈福之谓也,非堪于德者
众而堪于福者寡也,非德贵而福贱,天以珍人而酌其丰俭也。
则奚以知其充不充之殊也?

德肖于知,知虚而征于实;福有其能,能实而行于虚。实
可以载虚,虚不可以载实。实可载虚:一坏之土,上负苍莽而
极于无垠;剜而下之,入于重渊,虚随以至而不竭。虚不载实:
容升之器,加勺而溢;掷一丸之泥于空,随手而坠矣。故思之
所极,梦寐通而鬼神告;鬼神者,命之日生者也。养之所饫,膏
粱过而疢疾生;疢疾者,命之不充者也。戴渊盗也而才,华督
贼也而义,德之灌注者不中已于小人。强者不可强以廉颇之
善饭,嬴者不可望以篯铿之多男,福之县绝者必原本于始生。
故致而上者实任之,致而下者虚靡之也。

由此言之:与俱生者,足不足,而上致与下致别矣;日生
者,充不充,而上致与下致又别矣。故君子致德之命,致而上
极于无已,而穷皎白以高明,肖其知也;致福之命,致而下极于
不堪,而穷拂乱以死亡,称其能也。故曰:"君子以致命遂志。"
命致而后志可遂。君子之志,审其多寡建立充袭之数,而缊之
以不迁,岂旦夕之偶激于意气也哉?

困,刚之为柔揜者,福之致下者也,不胜于器而俭于时。
二、五皆以刚中者,德之致上者也,器胜之,时侈之。与生而
建,日生而充,极盛而不衰,斯以致于上而无难矣。致德于高
明以自旌,致福于凶危以自广,又奚志之不遂哉!若曰"以命
授人",则勇偾而为刺客之雄,非爱身全道者之所尚。困而已
矣!非必忠孝之大节,而又何死焉?

二

刚以柔揙,则是柔困刚矣。乃刚困而柔与俱困,何也?

刚任求,柔任与。柔之欲与,不缓于刚之欲求,特刚以性动而情速,遂先蒙夫求之实。蒙其实,不得辞其名。而柔之一若前,一若却,县与以召刚之求,其应刚者以是,其困刚者亦以是而已矣。故未得而见可欲,既得而予以利,闿户而致悦,虚往而实归,皆柔才之所优也。因才为用,乃以网罗生死乎刚于胶饴之中。"酒食"也,"金车"也,"赤绂"也,不待操戈矛,固塞树垒以绝阳之去来,而刚以困矣。然而揆诸得失名实之间,而阴已先困。

夫隆人者先自隆也,污人者先自污也,逸人者先自逸也,劳人者先自劳也。阴之德专,其性则静。专且静,贞随乾行而顺代天工,则以配阳而利往。德之不专,散处以相感;性不能静,畜机以相制;乘其上而萦蔽之,纠葛频蹙,以迷阳于所不及知。夫然,则抑劳心污下而无舒畅之一日矣。非其金车,即其酒食,非其酒食,即其赤绂;而趋日下,而术日上,苟以售其冒缚高明之技。是妇寺之情,宵人之道也,而岂不陋与!幸而阳不之觉也。借其不然,岂复有阴之余地哉?

抑不觉者,非阳之过也。须养于小人,退息于向晦,亦君子道之所应享。而当困世而不觉,则阳或过也。守其道之所应享,知而处之以愚,光大而济之以诚,索诸明,索诸幽,洋洋乎有对天质祖之诚,则阳不觉而非不觉也,而阴之术亦穷矣。

于是乎阴终失据,而先丧其贞。然后反事而谋之心,反心而谋之道,"动悔有悔"以为吉,则何其吉之不夙邪!而阳祇守其诚而无所待悔。由是言之,器覆而无遁鼠,国亡而无不死之小人。均丧其实,独陨其名,阳失数寡而阴失数多,则柔先自困而亦终困,岂或爽哉?

故阳,困于人者也;阴,自困者也。困于人者生:越王幸夫椒之功而困于会稽,平原贪上党之利而困于长平,虽中阴之饵而贞不亡。自困者死:怀险致媚,不悔而能保其终者,终古而未之有也。故君子终不困人,而自困亦免焉。其不得已而困于人也,积精诚以保其所不及知,如二、五之享祀以承庆而受福,又孰得而困之?

井

一

困刚揜也,井亦刚揜也。二卦之体,综之而柔皆覆刚,困独蒙其揜,而井利赖其养者,何居?

天下之能加于我者,皆其同类者也。天下之与我异类者,皆其不能加我者也。同类而同情,则性正而情交;异类而异情,则先难而后易;同类而异情,则貌德而衷刑。水之于泽,阴阳非类而与同类。类同而貌同,类非而情异。利其酒食、金绂之可以相养,而不知支流之没于大浸,水有泽而泽且无水,柔且以加刚而莫能自出。若夫水之与风,凝散异情,判然其不谋矣。巽德虽顺,水终浮溢以出,其不能加我者,犹钟鼓之不足以宴爰居也。不足以宴,不足以饵,则亦不足以捴。故上六虽柔,其能幕阳而杜其"用汲"之功与?

若四之于三,乘刚也,而不为乘刚。三,巽之成也,则固非刚也。疑于刚而乘之,察其非刚而退自保焉,而自饰之不遑,而何乘邪? 乘非乘,捴非捴。巽开户以旁行,道不登于上,则巽心恻矣。坎履中以自用,情不合于下,则巽心又恻矣。不能捴之,将自求之。是木以载水,收功于本绝之交,尽瘁于可以有为之日,巽免于恻之为福,而岂得与刚为难哉? 此井之通所以异于困之穷也。

故君子之于世也,不数数然于物之类己,而虞其有慆心;其漠不相即者,则徐收之以为利用。是故小名不慕,小善不歆,甘言不迓,淡交不绝,则成功于望外,而朋聚于不谋。

虽然,其于此也,则已劳矣。巽劳而坎非不劳者也。巽劳于人,坎劳于出。故挹江河者施桔槔(者),其不穷者则果不穷矣;抱瓮而汲之,重绠而升之,所食者十室之邑,而养将穷。不穷其将穷,恃有劳而已矣。故井亦忧患之门,衰世之卦也。

二

夫人之有情,岂相远哉? 怀干馂之饫者,享壶飧而不惭。诗云:"投我以木瓜,报之以琼琚。"珍有事也。今以贪僭庸菲废弃之子,苟给利养,授圈牢之秣饲,而鄙为木石,无使有自致之薄长,则沦没澌萎,卒以抑菀而不永其生。

故先王之于乐也,非无都人士女,敏手躩步,可以娱神人而教肆之;然而伛者击磬,痀者击钟,蒙者审音,瞽者眡度。合天下尪废天刑之子,进之于和豫之地,则何也?

乐者,和以养也。和而及于不和之尤,使之消散其一日之哀郁,而后细类劣生不虚养,而有生之情效焉,则亦且荣生而无甘死之心,所以调阴阳之渗,而溥生理于无方也。是故别无收恤拯贷之典,而一登之有事以荣其养。故曰:"圣人辅天地之穷。"

且夫愚柔辱贱之士,其视儇巧便给者,所得于天之短长,吾未得而知也。礼失而求之野,十室而有忠信。疏逖微末而莫由自拔,则皆消沮而忍于长捐。虽有伺愿一得之长,迨其湮没,且以求慰其生而不遂,况望其引伸而奋迅邪?故弃人之世,世多弃人,彼诚无以自振也。

井之初曰:"井泥不食,旧井无禽。"盖哀之也。既以为之井矣,食则其荣而不食其辱,犹夫人之情也。巽而入,入而下,亦非有潢潦沸溢、不可向迩之污垢也。不幸而泥者,时为之,犹之乎为井也。亦各有施焉,因而浚之,薄取而小用之,岂无所望于上哉?置之不食而井旧矣,井旧而无以自新矣。长捐于时而无汲之时,灰心于涓滴之再润者,亦势莫如何,终自废以无禽矣。使遇洞酌挹注之主,功施废疾,而才登菅蒯,则居然井也,而岂逮此与?

甚矣,五之至清而无徒也。三功之成,进而相比,洁而自荐,使非数数于求明以受福,且终年抱恻而国莫我知。而况初之疏贱而羸弱者乎!弃其致养则不足以自润,不足以自润则生理愈而生气穷。君子固已哀初之时命,而不得与于先王之劝相矣。出险而有得色,绝物而自著其功,寒俭自洁以凋和平

之气,井五之"中正",衰世之德也。衰世之德,惨于盛世之刑
与! 其为水,不如其为火,子产之得为君子,有(劝)劳〔相〕之道
也夫!

周易外传卷四

革

阳可以久道，阴不可以厚事，刚柔之才异也。火之极，炎蒸而成润；风之末，吹弱而成坚。其既，则润以息火，而坚以止风。盖阴不厚事，则其极盛而迁，每于位亢势终之余，谢故以生新。非若阳之可久者，履盛而志不衰也。

是故离两作，而上明为下明之所迫；巽重申，而后风踵前风以相荡。迫之甚，则郁庵销灼而火道替；荡之不已，则消散凋零而风位不安。故息之者以豫防其替，止之者以早授其安。物将替而为故，乍得安而见新；此离五之阴，避重明以迁于上，革之所以虎变也；巽四之阴，息绪风以迁于五，鼎之所以中实也。其阴过盛以迁，迁而阴先往以倡之变者，均也。

虽然，其于革也，则尤难矣。过乎时而返以乘时，阳革而来五，其势难；履天位而巽乎无位，阴革而往上，其情难。此二者，皆非鼎之所有也。势难者，时相强以为主，二喜于得配而信之，始于迟回而终于光大；情难者，不获已而远去，阳积于其下而迫之，君子以忍难而昭质，小人以外悦而中忧。如是，而上之变也,较之五而尤难矣。而九三不恤其难,犹恃其赫赫之明,屡起而趣其行,不亦甚乎?故易之于上,奖之无遗词焉。

其为君子也,虽"蔚"而予之以"文"。蔚入声,不舒也。文其所固有,失位而菀;菀而不失其盛,而后君子之志光。其为小人也,虽"革面"而许之以"顺"。〔面不可以为革,〕中未顺而外悦;悦而不问其心,而后小人之志平。犹且戒之以勿"征"焉。使其征也,阴之凶而阳之幸也。乃既委以难,而犹使之消散以失归,则抑不足以奖天下之能革者矣。

或曰:"离之从革也,势处不厚,同类相逼,内争而息肩于外,革而未离其类,革面而未洗其心,则圣人何奖乎?"

夫离之盛也,其性则阴也,其才则明也。以慧察之姿,行柔媚之德,相助以熺然。虽有蒸逼之患,而非其近忧,然且引身早去,召阳来主,以协于下,此非所易得于离者也。而不见"突如其来"而不忌,"出涕沱若"而不舍,为重离之固然者乎?知难而往,辞尊而让,而遑拒其面,而遑过求其心!此圣人所以道大德弘,而乐与人为善也。

鼎

鼎柔上而居中,则风力聚而火道登矣。天下未定,先以驱除;天下已定,纳以文明。风以荡之,日以暄之,有其荡而日以升,有其暄而风不散,故离位正而巽命凝也。

然五位之正,以柔正也。纳天下于虚而自安其位,凝其方散而未离其类,其于命之至也,位之康也,受命以施命于物也,非能大创而予以维新也。故"中以为实",则所据以为实者,位而已矣。据位以为实,夫且有擘固其位之心。乘驱除之余,合万方之散,擘固其位,以柔之道,将无思媚愚贱,抑法而崇惠与!

夫报虐以威者,非圣人之弘;因俗而安者,非圣人之正。何也?皆以其有位之心而据之为实也。则上九之以"玉铉"相节,举重器以刚廉之干,其可已与?

且夫天位之去来,率非有心者所得利也。鼎五之履位以息驱除,而顾使四"折足"而莫如何者,岂固有也哉?以其号召于始者,长保乎终,则日有姑息乎丘民之事。缺礼而伸情,惩强而安弱,于是天下亦有以窥其擘固之志,而倒持逆顺于垄首。即不然,而长冥愚之非,漏吞舟之桀,亦与于"覆餗",而否之出也无期。故县刚于上,以节而举之,道以裁恩,刑以佐礼,而后辅五而授以贞。授五以贞,则可调气之偏,而计民治于久远。数百年之恒,一日之新也,而后"吉无不利"矣。

汉之新秦也,非其固有也。嘉劳父老,约法三章,柔效登而位正矣。萧、曹定法于上,画一而不可干,而又众建诸侯以强其辅。故刚以节柔,其后一篡再篡而不可猝亡。

宋之新五代也,非其固有也。窃窃然其怀宝,而沾沾然其弄饴。赵普之徒,早作夜思以进擘固之术,解刑网,释兵权,率欲媚天下而弱其骨。故以柔济柔而无节,沦散尪仆,一夺于女直,再夺于鞑靼,而亡亦熠矣。

呜乎!柔之为道,止驱除而新命,得则为周,失则为宋。刚之为道,纳之柔世而卒难舍也,而节则为商,不节亦不失为汉。后之正位而维新者,抑务有以举斯重器,无利天位之实,而沾沾然惟掔固之为图也哉！

震

天下亦变矣。变而非能改其常，则必有以为之主。无主则不足与始，无主则不足与继，岂惟家之有宗庙，国之有社稷哉？离乎阴阳未交之始以为主，别建乎杳冥、恍惚之影，物外之散士，不足以君中国也。乘乎阴阳微动之际以择主，巧迓之轻重、静躁之机，小宗之支子，不足以承祧也。故天下亦变矣，所以变者亦常矣。相生相息而皆其常，相延相代而无有非变。故纯乾纯坤，无时也。有纯乾之时，则形何以复凝？有纯坤之时，则象何以复昭？且其时之空洞而晦塞矣，复何从而纪之哉？夏至之纯阳非无阴，冬至之纯阴非无阳。黄垆青天，用隐而体不隐。贾生欲以至前一日当之，其亦陋矣。纯乾纯坤终无其时，则即有杳冥恍惚之精，亦因乎至变，相保以固其贞，而终不可谓之"杳冥""恍惚"也。且轻重、静躁，迭相为君，亦无不倡而先和，终不可谓"静为躁君"也。

尝近取而验之。人之有心，昼夜用而不息。虽人欲杂动，而所资以见天理者，舍此心而奚主！其不用而静且轻，则寤寐之顷是也。旦昼之所为，其非寤寐之所得主，明矣。寐而有梦，则皆其荒唐辟谬而不可据。今有人焉，据所梦者以为适从，则岂不慎乎？

彼徒曰"言出于不言，行出于不行"，而以是为言行之主。夫不言者在方言、不行者在方行之际，则口与足之以意为主者也。故"意诚而后心正",居动以治静也。而苟以不言不行为所自出也,则所出者待之矣。是人之将言,必默然良久而后有音;其将行也,必嶷立经时而后能步矣。此人也,必断续安排之久,如痎疟之间日而发也,岂天地之正,而人之纯粹以精者哉?

夫理以充气,而气以充理。理气交充而互相持,和而相守以为之精,则所以为主者在焉。而抑气之躁,求理之静,如越人薰王子而强为之君,曰不言不行,言行之所出也。今瘖者非无不言,而终不能言;痿者非无不行,而终不能行;彼理(著)〔具〕而气不至也。由是观之,动者不借于静,不亦谂乎?

夫才以用而日生,思以引而不竭。江河无积水,而百川相因以注之。止水之洼,九夏之方燠而已涸也。今曰其始立〔也〕则杳冥恍惚以为真也,其方感也则静且轻者以为根也,是禹之抑洪水,周公之兼夷驱兽,孔子之作春秋,日动以负重,将且纷胶督乱,而言行交诎;而饱食终日之徒,使之穷物理,应事机,抑将智力沛发而不衰。是圈豕贤于人,而顽石、飞虫贤于圈豕也,则可不谓至诬也乎?故不行者亦出于行,不言者亦出于言,互相为出,均不可执之为主。

自其为之主以始者帝也,其充而相持、和而相守者是也;非离阴阳,而异乎梦寐。自其为之主以继者震也,其气动以充理而使重者是也;非以阴为体以听阳之来去,而异乎瘖痿。帝者始,震者继,故曰:"帝出乎震。"又曰:"出可以守宗庙社稷,以为祭主。"

尸长子之责,承宗社之大,盖其体则承帝而不偏承乎阴阳,其用则承乾而不承坤。何也？坤已凝而阳生,则复是已,是人事之往来也。未成乎坤而阳先起,则震是已,是天机之生息也。复为人事之改图,故屡进而益长;震为天机之先动,故再震而遂泥。帝不容已于出,而出即可以为帝,故言不言,行不行,动静互涵,以为万变之宗。帝不容已于出,故君在而太子建;出即可以为帝,故君终而嗣子立。受命于帝而承祚于乾,故子继父而不继母;理气互充于始而气以辅理于继,故动可以为君而出可以为守。借曰坤立而阳始生以为震,因推坤以先震,立静以君躁,则果有纯坤之一时也。有纯坤之一时,抑有纯乾之一时,则将有未有乾、未有坤之一时。而异端之说,由此其昌矣。

是故以序,则震为乾之长子,而不生于阴;以位,则居寅卯之交,春不继冬,木不承水,阳以建春,春以肇岁,震承乾而乾生于震。震之出于帝,且与乾互建其功而无待于乾,奚况于坤之非统而何所待哉？是故始之为体,则理气均;继之为用,则气倍为功而出即为守。气倍为功,则动贵;出即为守,则静不足以自坚矣。建主以应变者,尚无自丧其匕鬯夫！

艮

一

因(才)〔性〕而授之以处之谓位,得处而即于安之谓所。有定性,无定位;有定位,无定所。定所也者,先立一道以便性而不迁也。处高拒卑,制物以己,而制遇以心也;或物起相干,而绝忧患以自镇也;抑物至利交,而杜情好于往来也;如是而后得以有其定所。故有定所则己成,己成则物亦莫乱之,而物成。各擅其成,己与物有不相保,皆所不谋,而惟终恃其成,而后其为定所也,长建而不易。于其定所见其定位,于其定位行其定性,此绝忧患,杜情好,不介通,不立功,而自成乎己者也,则艮是已。

夫无定所以为定位,则出入皆非其疾,位以安安而能迁,曰素位。无定位以为定性,则尊卑皆非可逾,性以下济而光明,曰尽性。素者,位之博也;尽者,性之充也。迁以安者,有事以为功于位也;下济而光者,情交以尽性而至于命也。功立则去危即安,身有可序之绩;情交则先疑后信,人有相见之荣。绩著于身,而非以私〔己〕,不得訾之以为功名之侈。荣被于人,而非以徇世,不得薄之以为情欲之迁。是身非不可获,而人非不可见也。

夫功名之与情欲,毋亦去其不正者而止,岂必复然高蹈,并其得正者而拒之哉?拒其正者,则位不博而性不充。不博,则逼侧而位无余(位);不充,则孤畸而性有缺。于以谢事绝交,恃物之自成,而小成于己,而毁居成后者,以非其时而不谋,斯岂非与咎同道者哉?然且艮终不以咎为恤。

高在上者,阳之位也;亢不与者,阳之情也。保其位,任其情,二、五得位,而曰"我终处其上";四阴同体,而曰"不可与为缘"。尊位在彼,则处其上者直寓也,位寓则身废;同体不容相舍,则靳其交者已隘也,性隘则庭虚。乃艮终不以此为恤者,彼诚有所大恤，而视天下皆咎徒也；谓承乾三索之余，而处阴方长之世也。

气处余者才弱，忧患不在世而在己。欲忘忧患，则先忘其召忧召患之功名。敌方长者意滥，情好虽以正而或淫于邪。欲正情好，则先正其无情无好之崖宇。功不可强立，情不可偶合。归于无功而情不固，徒然侈其性、离其位以自丧，艮亦惟此咎之为恤，而遑有其身以与人相见乎？

故其成也，无得于身，而身亦不失；无缘于人，而人终不得而干之。阴且惮以思止，阳因止而犹存。立纲正极，保其性，固其位。是天下之恃有艮者，功无可建，即无功以止忧患；情有不施，即无情以讫嗜欲。拯衰者德弘而道大，砥俗者严气而危行。量其世，量其才，君子长保艮以自守，而不敢浮慕于圣人，斯其所以无咎也与！

二

夫乘消长之会，保亢极之刚，止功不试，止情不交，以专己之成者，奚可不择地以自处哉？

夫地有远迩，有险夷，有同别，有彼己。危哉！九三之处地！参于四阴之中，密迩而蹈险，同异类而失己援，犹且以为所而止焉。越人之睹章甫也则怪之，群鹢之睨一鹏也则笑之。匪直怪之，将起而敌之；匪直笑之，念有以污之。横绝其类而使不得合，则戈矛起于夙夜；岳立其侧而形其所短，则簧鼓彻于听闻。四阴之限，岂阳所宜寝处而无嫌者乎？

我不敢知戈矛之不伤我躬也，则亦不敢知簧鼓之不移我志也。不幸而躬伤,君子犹可安于义命;尤不幸而志移,贞士将尽丧其生平。是故火之熏也,日蒸月化,物且变莹白为黵黯矣。其受变而改其素,人惜遁之未远。其不受变而蒙其难,亦何必以察察际汶汶,而竞大辂柴车之余勇乎?

抑投躬于非类之炎灼,而仅保自免之危情,则不变者十三,而变者十七,亦人情难易之大都矣。箕子之于纣,孔子之于季斯,操其屈伸,用其权度,义重而道弘,则同污而自靖。且彼之功侔天地而情贞日月者,志不存于用艮也。

若夫抱独立之素者,则无闷以自安。必将远而不与之迩,别而不与之同,离乎险以全乎己,而后闷不足以加之。闷不足以加,则离人珍独,亦足以伸正气,而为流俗之砥柱。

若其情固违之,身且即之,温峤之幸成,撩病虎而盗睡骊,盖亦危矣。贾捐之介恭、显以行其志,身死而名辱,盖自贻也,将谁咎而可哉!谢朏扁舟造都,熏以得染,不足道已。孔北海之于曹操,嵇中散之于司马,施止于属目,其尚逊管宁而愧孙登与!

"厉熏心"矣,而不系之以凶悔者,何也?身伤则凶,而仅免于咎;志移则悔,而苟免于凶。不能保二者之何居,所以危三者愈甚矣。名可闻,身不可得而见,所谓"不获其身"、"不见其人"者,用此道以自存也。

三

或曰:"万物之化,始于阳,卒于阴。"此据相嬗之迹,而非其甚深之藏也。盈万物而皆卒乎阴,则其末且虔刘陨折,而莫与之为继。然则始以为生,终以为成,皆阳与为功矣。何以知之?以"敦艮"之"厚终"者知之。

夫万物"成言乎艮"而以厚终,则岂有不厚终者哉?益以知亥、子之交,非果有混沌而未开辟之日。天地之始,天地之终,一而已矣。特其阴中阳外,无初中乘权之盛,而阳之凝止于亢极以保万物之命者,正深藏以需后此之起。故曰:"天地之大德曰生。"天地生于道,物必肖其所生。是道无有不生之德,亦无有卒于阴之理矣。

夫艮则有否之象焉。上九阳寄无位,升而不可复,止而不足以行。阴之浸盛,则汰于否之相敌。以貌取者,鲜不疑阳之薄荡无期,而减替以为之终。乃阳之坚植于外者,不惊其逼,不决于去,泰然安居,处濩落而自息其生理,以养天地之化,而报道之生,则可不谓极厚者与! 万物方以此终,即以此始。终于厚者始于厚。厚者,义之至,仁之尽也。故曰"始终于艮"。艮可以终而可以始。化万物者,无不厚之日。旧谷之登,新谷之母也。而何疑其有卒乎阴之一日哉?

故剥消而复长,人事之休咎也;艮止而震起,天理之存存也。商、周尽人以合天:继剥而观息于静,故归藏首坤;由复而备致其盛,故周易首乾。夏后本天以治人:先震以立始于终,故连山首艮。首艮者,首其厚终以成始也。

人事之利害百变乎后,而天道立于其上,恒止而不迁。阴众而阳不伤,乱极而治有主,皆天所治人之事,而不屑屑然从既生既盛以致功,乃可以历百变而不拔。

禹之治水也,以为治其流,则不如治其源,故先条山而后析水,则夏道固详于山矣。其建治教之宗,则存乎洪范。洪范之畴,建用皇极。极,在上者也;建者,则其止也。雒书之数,戴九履一。一为皇极,则艮之一阳是已。于以成终,故极建在上;于以成始,故一履于下。乃其数则尽乎九而不及十。天德之存存,以阳始,以阳终,不使阴得为之卒焉。

其制治之道,则尚忠。忠者,心之自尽。自尽而不恤物交之利害,存诚以治情欲之迁流。圣人而修下士之祗敬,天子而躬匹夫之劳苦。功配天地而不矜,名满万世而不争。盖处于盛而以治衰之道居之,则极乎衰,而盛者非不可复用也。

是故继揖让之终而持其流,创世及之统而贞其始。自敦其厚,化不得而薄之。其兴也,有浟行之天,有屺族之父;其衰也,有雒汭之奔,有有穷之篡;而兴无所待,衰不沦亡。非犹夫商、周之兴,世德开先以用其盛,而逮及陵夷,一解而不可复张也。何也?非以终道治始,则变故猝起于不谋,怀来固薄,必无以裕之于终矣。敦艮之"吉",非大禹其孰能当之!有王者起,建永终之图,其尚审于择师哉!

渐

性情以有节而正,功效以易地而施。不授以节,逢欲非遂志之利;苟据其地,虚名丧实用之资。故阴不以升为嫌,阳不以降为损。

夫阴阳数敌,各据其地以顺其所欲,性情无介以通,功效以小成而不建,夫乃以为否道之成。二、五者,否之主也,或据

"磐"以图安,或登"陵"以自尊,安者戒其危而不往,尊者耻于下而不来。三、四位非其任,鉴两君之重迁,奋于事外,因乎密迩,易位以合少长之欢,抑可谓节性而不丧其功矣。

而或则疑之。疑之者,匪直疑阳之来三,而甚疑阴之往四也。图远以逼尊,则疑其志逊而行亢;就迩以谋合,则疑其情正而礼愆。其何以保之子之贞乎?

夫阴阳之合,男先下女,泽山之所以通气也。阳极而无所往,用其衰以来主于内,则咸处其盛;阳稚而滨于交,用其新以来主于内,则渐顾处其衰。或散地而得应,或邻畛而失应。是且以盛衰而分离合之多少矣。乃多所合者,近取之身,而手足心口,交营以交感;少所合者,远取之物,而且前且却,暂处以图安;则咸易而渐抑难矣。阳有见御之心,阴无必得之梯,于此而能舍其党以上宾,召失位之阳以来主,则阴亦贤矣哉!

故下女者男之常,而女归者女之变也。变而之正以得正,恃正而滋不正之虞;变而之不正以得正,既正而可望大正之终;则有间矣。故咸亨而专期女以贞,渐利贞而早决女归之吉。

由是言之,四之往也,矫拂恒经之听命于不相求之阳,大功允归,恒性未乱,固不得以就近而迁、逼尊而处,为之疑矣。

今夫鸿之来宾而往遰也,与寒暑恒相为反以逃其亢。而且往且来,日密移于栉比之南北,非有速于往来也,而日渐进以就阴阳之和,是不亦恒劳而仅保也乎?则因几以变,消否渗而节阴阳者视此矣。

或曰:"寒暑者阴阳之正,不可避也,而避之,是'躁胜寒、静胜热'之说也,岂以受性命之正哉! 则于鸿奚取焉?"

曰：阴之必寒，阳之必暑，正也；怙于下以有祈寒，亢于上以有盛暑，亦其过也。过在阴阳，而物或因之以为否。否有定数而无定气。密迁以就其和，则寒暑非有不可变之势。亦足见阴阳之与冲和，夹辅流行，非必于卯酉之仲，春秋之分，刻限以求和于定时矣。

善事天者，避其过，就其和。臣得匡君，子得干父，而密用转移于无迹之檠括，则情理交协，允合于君子之用心矣。不逢其欲，不丧其实，则虽否塞之世，而冲和之气固未尝亡。欲为功于天地者，自有密运之权，斯以变而不失其正。不然，无所违之，无所就之，以恝于往来，则乘秋而击，为鸷鸟而已矣；当春而振，为昆虫而已矣。其将以鸷鸟、昆虫为性命之正哉？

归妹

物之始盛也，性足而效有待。性足则必感而发诸情，效有待则必动而致其功。其感而不容已于动者，变也。立功以时而定情以节，则变而不失其正也。变而不失其正，物亦取正焉。

虽然，自有变正，而不正亦由此而兴矣。故功兴而妄，情兴而淫。天地不能保其贞，而况于人乎？雨日交而虹霓见，昏姻通而奔乱生，其始皆非有不正以为之阶也。

是故天地通而泰交，亦既盛矣。抑阴阳各自为体而化未运，则其交也，性足而情未畅，效著而功犹未起。因而保泰，必需其动以有为；因而固交，必需其感而相入。不然者，亦非可恃泰以长年。斯岂非"天地之大义"而"人之终始"与？

而天地之际,亦密迩矣。因其密迩,功易就而情易谐。三与四不撰而兴,奏最者不待劳力于经时,得朋者弗俟裹粮以远适。阳动而上,曰我以致功;阴感而下,曰我以合情;所归妹矣。阳亏其实,阴失其贞,为妄为淫,岂得免于“征凶”而“无利”也乎?

夫其变而不正也,岂有他哉?利其易而已矣。是故时险而用易,则坦而易亲,渐之所以得贞也;时夷而用难,则勤而不匮,随之所以成德也。蛊消否而用难,归妹保泰而用易,则各失其道矣。然而以难处险,则量未裕而功自成;以易处夷,则情乱于苟从,而功堕于无待。蛊亡悔而归妹凶,固有别矣。

是以君子终用其难,而小人每歆其易。见利而托义,四与有愆焉!顺感而终淫,三之贱其可(离)〔辞〕乎?正其义不谋其利,慎其始以正其终。礼乐必百年而兴,征伐、刑政视此矣;昏姻必六礼而合,君臣、朋友视此矣。君子终不肖阴阳之苟合,以贪功而嫒情,归妹之凶,可以免夫!

丰

日中则昃,阳消而阴也;月盈则食,阴消而阳也。阳消则阴息,阴消则阳息,消乘盈而息起虚。人由盈以虚,而不得不消于鬼神;鬼神寓虚于盈,而不得〔不〕息于人[一]。不知人之必鬼神,则将爱生而恶死;不知鬼神之必人,则将忻死而厌生。

〔一〕“不”字,据文义补。

爱生者贪生者也,忻死者绝其生者也。

贪生一,而为苟免,为淫祀,或诡其说为熊经鸟伸、吐故纳新,推而之于县解以逍遥,缘督以养生,穷极于虚玄,而贪生之情一也。绝其生者一,而为任侠,为兼爱,或诡其说为蔑弃彝伦,残毁肤发,推而之于无生以为缘起,无余以为涅槃,穷极于深幽,而绝其生之见一也。

夫贪非其生[一],而以为贵生,不知(生)〔人〕者也;绝其生非可以死,而以为达死,不知鬼神者也。是故圣人尽人之性,而知鬼神之情。尽人之性,时盈则持满,时虚则保和,达才而正情,故其死也,昭明焄蒿,可以配天而作祖。知鬼神之情,始乎虚者无妄,终乎盈者无妄,立命以养和,故其生也,反本亲始,可以体仁而合天。

所以然者何也?惟圣人为能戒丰,而彼惟不丰之为忧也。忧其不丰,或羡生之丰而巧争其衰槁,或计生之不足以丰而别觊其出离,则所以窃窃焉欲致于丰者,私生死而昧于时,有不恤矣。圣人惟不私其丰而恃之,故勿忧于丰,而尤以为戒。则人有其丰焉者,鬼神亦有其丰焉者;戒人之丰,虚乘于盈,终不恃生以可久;戒鬼神之丰,虚以起盈,终不趣灭以为乐。惟日孳孳而不给于(死)〔生〕,而可惧非死,豫谋其必息,而任今日以无穷之生。其通鬼神之变以贞久者,亦无假于别求,而可贱非生。故为人谋之,为鬼神谋之,一因天地日月之理以慎用其明动,则性尽而息也不妄,情周知而消也不亡。其不然者,人之

〔一〕这句疑应作“夫贪生非可以生”。

必消,听之气数而非己之任;鬼神之必息,亦何依以责既屈之知能而致其戒哉?而易何以曰"而况于人乎,而况于鬼神乎"?

旅

圣人仁不求功,智不求名,仁智非以有所期而成。然功名者,亦非圣人之所废。非功非名,无与于万物,而万物亦无恃以立也。

虽然,亦因其时而已矣。时之盛也,则圣人主时,仁成而功溥,智成而名彰,谷应川流,万物繁然,以显其荣泽,功名捷得而不爽,圣人亦终不爽其无求功名之志。时之衰也,则时宾圣人,仁无托以成功,智无丽以成名,圣人为物忧患,将爽其志以利用夫功名,然且暗然撎其仁智之荣泽,故勋业寓于文章,文章存乎忧患。此则圣人之难也。

夫上有君,下有民,皆时会之所趋也。君民期圣人以为主,则圣人始无欲而终无为,而在己仁智,在物功名,非有与也。君民胥无待于圣人而圣人宾,乃圣人固不能恝置天下而靳其仁智,无所欲而欲,知不可为而为。貌取而不相知者,几疑圣人之亵仁而丧智,故曰圣人之难也。

是故旅之变否也,阳逊天位而止乎下,阴非尊贵而丽乎中。六五德中而权借不足,若强起代权以主其世,是五主天下而天下且宾五矣。且阳之集于三也,刚来而穷,浮寄于上下之间而成乎止,与上相配偶而不相应,不相应则情不及所当感。

而况于(五)〔三〕〔一〕,浮寄以止,则苟于求安而无志于求明;穷,则天命将舍而不足与谋。五为离主,道在施明,而三障之以不延于下,栖栖汲汲,世莫我知,质柔而为宾,亦孰与听之乎?

是故雉者,五之固有也,而代物忧患,不得已而大欲存焉,知不可为而为焉。固有而不见推于世,若非所固有而往有之。非所固有,是雉外而起射之矣。射者,不可必得之辞也。固有而射,射而得雉之非难,射而不得雉之难也;不得雉而矢在之非难,不得雉而矢亡之尤难也。雉所获也,矢所用也。功名相左则所获者虚,仁智徒劳则所用者亦丧矣。

夫五岂果有亡矢之患哉?后世见之为文章,当时见之为忧患。而仁无可施之福泽,智无即格之幽明,则貌取而不相知者,固笑其一矢之仅亡也。而圣人亦怃然深思,谓吾矢之未尝不亡也。射而亡,不射而亦亡。不亡因于不射,不射乃同于亡。矢在则射,亡不亡非其〔所〕恤,所射在雉,获不获非〔其〕所期,而后圣人乃真有其矢而固有其雉:礼、乐正,诗、书定,行在孝经,志在春秋,当时之功名阙然,万年之誉命鼎鼎矣。

彼惮牺曳尾之流,自以为保矢于不亡,而矢非以射,器不称名,名不称德,彼亦保非其矢,而焉用保为!故曰以仲尼为旅人。人非仲尼,其孰足以当之!周公东征而赞易,成王卒悟而公归,斧虽破而矢不亡,时为之也。时为之,亦存其义以俟后此之圣人而已矣。

〔一〕 "三"原作"五",据上文"且阳之集于三也,刚来而穷,浮寄于上下之间而成乎止"改。

巽

进者巽之才也,退者巽之德也。才乘其时,德敦其位。以时,则阴且消阳而才可任;以位,则下以承上而德不淫。故巽之于初,疑进疑退,无信志也。志不信,无以信天下矣。才若可信而非可信者也,因以用才则乱;德若不可信而固可信者也,果于修德则治。是以君子望初之深,而因示以所利:利在"贞"而不在"武",贞既利而武亦无疑矣。裁其窥侵之技,责以负戴之忱,则武用登而天下之疑可释也。

夫君子以其德教为天下裁其进退,念虽孔挚,而不能施责望于不自信者之心。彼且不自信矣,而恶乎望之!督之以威而益其忕也,奖之以福而增其骄也。然而终以保武人之"志治",则何也?

世虽阳壮,化不能废阴;治虽崇文,人不能废武。然或以成僭逼之萌,或以效祇承之命,则存乎其位矣。时者天也,位者人也。争时而乘之,侥天而〔己〕非可恃[一];素位而安之,尽人而世莫我尤。故巽阴之下起也,亦阴阳之会,疑战之府也。而位固处于卑散,情自系乎仰给。位可居也,情可谐也,其不欲骤起以逼阳,志亦明矣。故才德争其诎伸,而机括堪为敛戢,则俯思退听,抑惨杀以从阳治者,君子可终保其志已。

〔一〕"己"原作"已",据文义改。

及乎六四，重申以阴杀而有功矣。有功之可恃，不如无位之能贞也。故二纷"史巫"之求，以起初于侧陋；五秉"先庚"之令，以警四于居功。甚哉，择位而居，能消时之险阻而平之，阳有所自全，阴有所自正。故曰"利见大人"，以荣阴之善下也。

兑

一

巽以近阴为美，兑以远阴为正。均于正中，而"孚剥"之"厉"，非"有终"之"吉"也；均于无位，而"和兑"之"吉"，无"资斧"之"丧"也。且夫远之将以正志，而情相间则无功；近之将以合交，而势相昵则失己。俯恤其内，仰承其外，二者亦无县绝之贞淫。而何以得失之径庭邪？

尝谂之。阴阳之有长少，则有余、不足之数因之。阳躁而乐施，阴静而吝与，故阳始于有余，终于不足；阴始于不足，终于有余；盖静躁之效也。故阳一索而虩虩以动，再而险以不盈，三而翕然止矣；阴一索而习习以和，再而相附以炎，三而发气满容，肆然以得意于物矣。然则兑者，阴之有余也。用阴之有余，饰己之方少，欣然行志意于天下，其情狠矣。说以相诱，狠以相制，则阳之宜与远而不宜与相近，岂顾问哉？

且夫巽之得中而近柔者，将以正阴而成其顺也。顺者巽固有之，而因以正之，则因以成之。在外不入而周旋不舍，荡涤其柔蒙以使物受其洁齐。巽之二、五为功于初、四者，要非能争阴之垒而强以所不听也。阴之初入，才不胜德，因不足之才，登固有之德，行权之功侔于保合矣。

若其在兑也，阴德穷而才见者也。德穷而怙尊高，才见而饰言笑，而抑相与为缘，则且孰与正之？毋亦仅与成之乎？仅与成之，渐染其柔曼，而隐助其刚很，亦内顾而可为寒心矣。

借曰"履中之位固在也"，夫位者仅以临下而有其权，夫岂仰欢而犹足恃乎？故赫赫之威，销于婉笑；堂堂之势，屈于甘言；狎以相忘，习而益弛。彼阴中之方稚者，尽用其有余以淫逞其上，始则"孚于兑"，继则"孚于剥"，尚得谓刚中之足据哉？策马近关而逾垣空谷，毋亦悔其远之不早与？

然则二何以免于厉邪？三失据而相就，上居亢以相牵，失据则以得说为幸，居亢则以取必相持，强弱势殊，而〔上〕〔五〕之剥切矣〔一〕。二位不当而危，五（则）〔位〕正当而安，危则处乐而有戒心，安则遇欢而无固节，敬肆殊情，而（上）〔五〕之厉甚矣。故夫时乘盛满而物感丰盈者，其尤为忧患之归，愈知所戒也夫！

二

物有宜疾，君子疾之。虽有好音与其令色，遥望之如潦垢，必芟之如荆棘。"商兑未宁"而后疾焉，不已晚乎！吾惧其商之迟回而疾之荏苒也。乃以恕待人而乐其成者不然。以其时量其心，略其心序其绩，断然以"有喜"归之。盖审知其处此

〔一〕"五"原作"上"，据上下文义及兑卦九五爻辞"孚于剥，有厉"改。下文"而五之厉甚矣"句同。

之难,而终能贞恶以自全者之未易也。

夫耳目不纷,嗜好不起,崭然以绝非正之感者,类有余地以自息。其息于余地矣,耳目无所交,嗜好无所授,山之椒、水之涘可以乐饥而忘年,而天下且荣之曰"不淄"。四非无愿于此,乃求所息而固不得也。将息于所与为邻,则"来兑"者狎之矣;将息于所与为体,则"引兑"者招之矣。人欲逃其刑戮,我欲逃其荣泽,俯仰而皆导我以淫豫。避世不可,避人不能,拊心自谋,而盈目无托,谁为余地以听其崭然?其商也,诚不容已于商也。而四(尤)〔犹〕且安其位以自退,与三殊体,与上隔援,厌彼劳劳,全其暳暳,斯不亦斟酌无迷,而怀来有素者乎?然而神听和平,物亦莫能伤之矣。其庆也,非其所期也。则君子亦乐道其"有喜",而无容訾其初心之不决也。

六朝之季,处未宁之地者,或内绝强臣之欢而外投戎羯,或外脱异域之网而内附篡攘,商之未详,迟回以丧其守者众矣。晏子不从昏淫,不与崔庆,商之已详,而不知退之为愈也。况里克之中立祈免者乎?耳目交而不乱,嗜好投而不疑,非贞生死以遗荣利者,其孰能之!

或曰:"兑阴外说而中狠,商而不与,忮害随之,而何庆之有?"夫莫寿于龚生而膏兰非夭,莫富于首阳而薇蕨非饥。君子道其常,则四之于庆,诚多有之,而又何让焉!

涣

阳保聚以上亢,阴护党以下凝。虽然,亦各安其位而利之矣。乃欲亏其所党,解其所聚,毋亦非其所欲迁? 惟不乐已成而挠之使败,然后功可得而起。

涣之时亦难矣。阳往而不复安于上以奠其居,亢不以为恤,否不以为忧。使越疆而迁焉,是殆犹夫奔也。况乎奔而入于险中,虽终得所愿,始固非其愿焉者也。然则成涣之功者,四之绩亦烈矣哉! 故曰:"挠万物者莫善于风。"始则挠而破其塞,终则挠而散其险,解悖吹郁,疾于影响。呜乎! 可不谓盛与!

夫涣四之得此也,惟无私而已矣。阴奋出以就四,虚其所处之位以召阳来处,则二是已。夫其居二也,于己为安,于物为主。于己安,则重迁;为主于物,则物归而不能相舍。逮乎既去之后,所与为等夷者,犹昕夕引领,庶几抚我以慰其思也,此亦物情之最难决者矣。平居相保,断去于一朝;余慕未忘,牵留而不顾;岂果轻去其群而忝于情也哉? 以义裁情,捷往赴义。昭质益彰,不蔽于私昵;大劳不倦,不安于小成。"光大"之怀,所可告于天人而无愧也。

呜乎! 安小成而蔽私昵者,非直利赖存焉;为物所牵而不能制义者,多有之矣。彼刚正者或且不能自割,而况于柔之善牵者乎? 戴之为丘,推之挽之以为宗;思之不忘,萦之维之以为好;利之所集也,势之所趋也,小义之不可裁、私恩之不可负也,而易望其解悖吹郁之一日哉? 因物之戴,聊与为主,迟回未决,而骑虎之势成,宋祖不能自免于陈桥。况曹操之仅还四县,而欲孙权之不踞炉著火邪?

舍中正,即散地,升丘而观天位之光,受命以还,开户以荡物之险,其惟大人乎! 则天下为功,而鬼神可格。<u>刘虞</u>有其德而无其才,<u>陶侃</u>有其才而无其德,固未足以几此也。圣人以正待人,而不疑于忧患,挠之乃以通之,危之乃以拯之,光大无惭而神可假,曾何险阻之足云!

节

阴阳分而数均,阳皆内,阴皆外,<small>二阳上二阴,一阳上一阴。</small>则德正。夫如是,节且侔功于天地矣。而抑有不然者。文质,相承者也;恩威,相倚者也;男女,相谐者也;君子小人,相养者也。故泰之道盛矣,不惜五位以居阴也;享其实,不并取其名也。既济之道得矣,授阴以二使自遂也;正其分,不更替其权也。故质宾文而文亦有尚,恩宾威而威亦有功,男宾女而女亦有位,君子宾小人而小人亦有居。既均其数,又宾其德,犹复两宅其中,以制柔于散地,节于是而苦矣。

可以惟吾意之所欲为,施之物而不敢违,传之天下后世而不得议,吾自甘之,能俾天下之不苦之乎? 孤行自尚,苦不可贞,亦危矣哉! 履正位而不惭,制万有而为之主,五可行也,二则何居! 察闺门之细过,则衅起于萧墙;尸百执之小事,则人离其心德。虔矫逮于用恩之地,则和气戾于周亲;坚忍去其不容已之文,则至情因而吝僢。规规然以宰制天下之大纲,为门庭之细目,蔑论人也,抑自顾其身心亦茶檗终年,而不见道之可乐矣。乃苟以谢于人曰,我与彼之数均而非有余也,我自宜为主而宾之,乃以安之也,又谁信之?

呜乎！古今之不相若，厚薄之差也。三代不可复矣，刑赏皆其忠厚，清议亦尚含宏。至于汉而德意犹有存者，故史迁、班固之传酷吏也，皆有砥节亢行，损物而先自损者也。至于宋而公论遗矣。包拯之酷也，而天下颂之。然在当时，犹有忧其乱天下者。流及于海瑞，而合廷野之人心，蔑不翕然焉。夫拯与瑞，则"不出门庭"之智计而已。管仲匡天下而犹曰"器小"，况拯与瑞之区区者乎？泰逊天位以永安，既济予禴祭以锡福，君(予)〔子〕之道固如此〔一〕。"不可贞"者，自鸣其贞，而天下之害烈矣。始于相苦也，终于相激也，故天下之害烈也。

中孚

夫欲施信于天下，则内不失己，外不废物，以作之量。废物，则己无所载，大过挠阴，栋之桡也；失己，则物无与依，小过去中，飞鸟之凶也。称情以为本末，而末无废位；要礼以为重轻，而重无失权；阳中而阴内，夫乃以情理尽而疑贰消；则中孚是已。

且夫阳，主阴者也。主阴者，统阴而交之也。统之而与为交，而先授之以必疑必贰之势，推衅端者必以咎阳心之不固焉。将往主之，必先有以宅之；摈之而疑生，则亦纳之而疑释矣。将欲交之，必固有以予之；居约而予之者俭，则意不厌而贰；如其处实而予之者丰，则欲可给而壹矣。

〔一〕"子"原作"予"，据文义改。

是故三、四位散，二、五位正，中孚之奠阴阳于所丽者，既截然以分其贵贱之区。然兑巽皆阴，二、五得中而非其世，则权终不盛；三、四为兑巽之主，宅散而不得正，则位非所安。而中孚之交尽于情理者，二、五积阳于初、上，固得辅以自强；三、四连阴于异体，乐处内以益亲。得辅以强，阳可留中而不替；处内益亲，阴且外比而不忧。揆之理，絜之情，存大正而授物以安，疑贰之消，不待合于介绍矣。

夫阴阳非类也，其相与非应也，时与位其尤不齐也，而且孚以无间，由是天下岂有不可施之信哉？执己之坚而摈物，然后物起而疑之；随物以谐而丧己，然后物得而贰之。况夫阴之柔弱而仅相保者，亦深愿树阳以为藩屏，而冥处于奥区乎？

故就暖以息肩，深藏而保富，授之乐土而无吝，贞其疆域而不干，则始于悦以消怼，终于顺以革忒，"豚鱼"可格，无往不孚，阳之所受，亦弘矣哉！枢机在我，而"好爵"无私，孚乃"化邦"，岂有爽与！

若夫贬己徇物以效其恳恳，拒物全己以守其硁硁，而徇物则贼己，拒物则绝好，信之蔽也贼，末之免矣。上亢而不亲，初"有他"而不定，己与人之间，情理未尽，则仅为二、五之辅而不足也。

小过

中孚，阳之盛也，而卦皆阴；小过，阴之盛也，而卦皆阳。德不乘时，才不胜势，故以中孚之阳履乎中，且保阴而结以信，况小过之阴柔而能怙过以终乎？虽然，乘有余而取赢，不量德而求胜，则阴恒有之而未肯戢也。

今夫鱼，阴也，故中孚以之；鸟，阳也，故小过以之。鱼火属而性沉，鸟水属而性浮。中孚象离，小过象坎。火必丽木，依于实也，故鱼投之空则死；水流于不盈之地，托于虚也，故鸟蹑乎实则擒。然阳躁而和，和者无必得之势；阴静而狠，狠者无思徙之心；故鸟可下而鱼不可使上。火丽实而利于虚，水流虚而载于实，则情与德有相贸之殊致，以各成其利赖。而要之，上野而下室，上往而下来，上威而下恩，上施而下受，莫不以下为吉焉，是以鸟可下而鱼必不可使（下）〔上〕也〔一〕。下者进，上者退；进者伸，退者屈；故阴阳亦莫不争下以为吉。

中孚之阴，小过之阳，皆在中而未有上下之势。未上未下。可上可下。于是中孚之阴，小过之阳，各有欲下之情，其理势然也。

阳无必得之势，阴无思徙之心。在中孚，而阴之欲沉，阳和而不争，虽处极盛，仅与敦信以遂其志；幸而阴安其未上未下者，则阳坦然矣。在小过，则阳为震艮之主，可决阴以必下而遂其志；然阴且怙其盛满宅中之势，挟阳以破樊而游于虚。虚者阴之乡，下者阳之利，背利以适非其乡，而阳犹靡然以听其以，以者不以者也，靡然听其以而莫能自主。

呜乎！妇乘夫，子胁父，臣制君，挟以翱翔而不适有居。甚矣，阴之狠也。惟然，而阳之或"戕"或"厉"，终不能免于悲

〔一〕"上"原作"下"，据文义改。

鸣矣。而乃以激天下忠臣孝子之心，懑菀愤起，而争之以下。故极重而返，乱极而复，挟主周旋而能长保其飞扬跋扈之雄，有是理哉？逆弥甚，失弥速，见睍消，密云散，君子有以豫知其"大吉"矣。

夫阴阳之往复，物理诚有之，而人之于性情也亦然。性处情中，而情盛乘权，则挟性以浮游于无实之地，逐物迁流，丧其起元之贞，性亦无如之何矣。逮乎吝而失，失而悔，退忧戕败，进处危机，则诚发于中而生怨艾之音，亦中人以上之必然者。然后矫所挟以来复，性情各安其所，而终返乎其根。故曰"人恒过，然后能改"。

惟然，而"弋取"之劳亦甚矣。非不惮其"在穴"之难获者，不能得也。故震之勚伟矣。治乱之数，止不胜止，动则兴也。理欲之数，遏不胜遏，求乃得也。九三之"防"，所由不及九四之"遇"也。夫"密云"无久沍之阴，"在穴"有得禽之理，情不敌性，邪不胜正，虽"或戕之"，大有为者之资也。以为无可奈何而安之若命，"飞鸟以凶"，尚谁(疾)〔咎〕乎？

既济

一阴一阳之谓道，无偏胜也。然当其一一而建之，定中和之交，亦秩然顺承其大纪，非屑屑焉逐位授才而一一之也。此天地之所以大，虽交不密、叙不察，而无损于道，则泰是已。若屑屑焉一一建之，因一一和以交之，此人事之有造，终不及天地之无忧矣。故济者人事也。舟之方之，榜之帆之，以通旁午,以越险阻,亦劳矣哉!

天地之可大,天地之可久也。久以持大,大以成久。若其让天地之大,则终不及天地之久。有"初"有"终",有"吉"有"乱",功成一曲,日月无穷。方其既而不能保,亦不足以配天地之终始循环,无与测其垠鄂者焉。

岂惟其衰,盛亦有之。阳内进而长,阴外退而穷,各就其位,互致其交,此得不谓人事之最盛者与?而君子鳃鳃然思而防之,方自此始,则何也?

天下之方兴也,国是无大辨于廷,清议无成言于野,非有楚楚然必定之清浊也。承经纶之方起,上下各尽其能而如不逮,固无余力以及此焉。而万物之相与,各趋其用也。用之既趋,功必求当,人心有余,而规模日起。择位争时,以大剖阴阳之界,经制明而公论彰;区别建立之繁,无遗地而亲疏分;势乃由此而定。则尽人事者,固已极盛而无所加。一以为阳,确然而授之以位;一以为阴,确然而授之以位。安不怼之素,合不僭之交,竭往来之情,历正变之久,相与争于繁芜杂互之地,乃以得此一日,则中流鼓枻而津岸以登矣。夫此一日者,岂可久之日哉?自屯之始交而方遇此一日也,顾未济之且乱而仅有此一日也,则其为几,亦岌岌矣。

且夫阳来下以致功,阴往上以受感,阳安而阴恒危。阳躁而乐,阴静而忧,乐者忘而忧者思。以其忘危,敌其思安,鼓瑟于宫中,而聚谋于沙上,是阳固授阴以且惧且谋之药石而激之兴也。又况夫迭建迭交,琐琐焉以夹持之也?如是,则小固未亨而亨自此而起〔一〕。小之亨,大之乱,如衡首尾之低昂而无爽矣。是故乱终自此而生。

二处誉,则七日勿逐以老敌;四处惧,则终日疑戒以求安。非上六之无位以穷者,皆未有须臾忘也。清浊太别而疑战承之,岂或爽哉!甘、傅申训之后,尹、仲作诵以还,汝南月旦之方明,雒、蜀是非之既定,商、周、汉、宋,此四代者,亦由是而不延。故君子诚患之也,诚防之也。

老子曰:"大道废,有仁义;智慧出,有大伪;六亲不和,有孝慈;国家衰乱,有忠臣。"其感此而激为言,似之矣。虽然,存亡者天也,得失者人也。三年伐鬼方而既惫,抑不克鬼方而抑何以为高宗?时会迁流,因而自弛,则亦终无此既济之一日,又岂可哉?不能使河无波,亦不能使无渡河也。

人事之所争屑屑,而不能及天地之大者,命也。学焉而必致其精微,以肖天地之正者,性也。知其不能及天地,故君子乐天;知不能及,而肖其正以自奠其位,故君子尽人。穷理尽性而至于命,亦曰防之,而岂早计以吹齑之幸免与?

秦燔诗、书,仁义废矣;晋尚玄虚,智慧隐矣;平王忘犬戎之仇,孝慈薄矣;谯周、冯道受卖国之赏,忠臣寝矣。曾不足以防患,而终于沉溺。老氏将谁欺哉!

夫君子之慎微明辨,争位于纷杂之余,正交于肆应之地者不敢惮劳,非曰永固,亦以延天地之盛于一日,则后起者弗以渐灭而不可继。固勿庸以既济为戒涂,而倒行于雌雄、黑白之

〔一〕这句疑应作"则小固未亨而乱自此而起"。

间,依"不盈""不足"以自保也。

未济

一

水火之为功,不及天地之盛,因是而为害亦不如阴阳亢战之穷。逊其可大,故其成也小;让其可久,故其毁也不长。故天地而无毁也。借有毁天地之一日,岂复望其亥闭而子开,如邵子之说也哉?成之小者不足以始,故易首乾坤而不首坎离;据"天一生水",则当首坎矣。毁之长者不可以终,故终未济而不终坤。

且夫火,阴也,而以阳为郛;水,阳也,而以阴为舆。非郛不守,非舆不载,凭之以为固,含之以为光。既不能显出其神明以备阴阳之盛,抑不欲孤恃其锋棱以致穷亢之灾。得数少而气承其伸,则物不能长盛而不终,亦非有久终而不返。水火之撰,固有然矣。

若夫天地之所为大始者,则道也,道固不容于缺也。不容于缺,必用其全。健全而乾,顺全而坤。因是而山、泽、雷、风、水、火,皆繁然取给于至足之乾坤,以极宇宙之盛,而非有渐次以向于备。何也?道无思而无为。渐次以向于备,则有为吝留,有为增益,是且有思而有为,其不足以建天地之大也久矣。

震、巽、坎、离、艮、兑,男女之辨,长少之差,因气之盈缩而分老壮,非长先而少后也。终古也,一岁也,一日也,一息也,道之流动而周给者,动止、散润、暄说皆备于两间,万物各以其材量为受,遂因之以有终始。始无待以渐生,中无序以徐给,则终无耗以向消也。其耗以向消者,或亦有之,则阴阳之纷错偶失其居,而气近于毁。此亦终日有之,终岁有之,终古有之。要非竟有否塞晦冥、倾坏不立之一日矣。

尝试验之。天地之生亦繁矣,倮介、羽毛、动植、灵冥,类以相续为蕃衍。由父得子,由小向大,由一致万,固宜今日之人物充足两间而无所容。而土足以居,毛足以养,邃古无旷地,今日无余物,其消谢生育相值,而偿其登耗者适相均也。是人之兵疫饥馑,率历年而一遇,则既有传闻以纪之。若鸟兽草木登耗之数,特微远而莫察。乃鸷攫、冻喝、野烧、淫涨之所耗者,亦可亿而知其不盈。则亦与夏昼冬夜长短之暗移,无有殊焉。要其至足之健顺,与为广生,与为大生,日可以作万物之始。有所缺,则亦有一物而不备矣。无物不备,亦无物而或盈。夫惟大盈者得大虚。今日之不盈,岂虑将来之或虚哉?故易成于既济而终未济,未济之世,亦乾坤之世,而非先后之始终也。

未济与乾坤同世,而未济足以一终者,何也?阴阳之未交也,则为乾坤。由其未交,可以得交。乃既交而风雷、山泽,亦变矣。其尤变者,则莫若水火。一阳而上生一阴,一阴而上生一阳,以为离。一阴而上生一阳,一阳而上生一阴,以为坎。互入相交,三位相错,间而不纯。既或以为坎,或以为离矣,因而重之:离与坎遇,离三之阳,上生一阴,因以成坎,而为既济;坎与离遇,坎三之阴,上生一阳,因以成离,而为未济。互交以交,六位相错,间而不纯。阴阳之交,极是乎而甚。故此二卦者,乾坤之至变者也。由其尽交,非有未交,交极乎杂,无可复变,是故有终道焉。

既济得居,未济失居。杂而失居,伤之者至矣。水胎阳而利降,火胎阴而利升。既济水升火降,升者有余位以降,降者有余位以升。未济水降火升,降极而无可复降,升极而无可复升。性流于情,情孳于生,交极位终,则既济成而未济终。固一日之间,一物之生,皆有此必终之理行乎阴阳,听万物材量之自受,则未济亦可以一终矣。

然而交则极也,阴阳则未极。阴阳之极者,未交则乾坤也,已交而得居则泰也,已交而失居则否也。乾坤之极,既已为始;否之极,又不可终。非乾则坤,非坤则乾。十二位之间,向背而阴阳各足,既不容毁乾而无坤,毁坤而无乾,又不得绝否之往来以终于晦塞。惟夫往来皆杂,十二位相错,而未有纯者,则未济遂足以一终。

乃一阴立而旋阳,一阳立而旋阴,阴阳皆死生于俄顷,非得有所谓“地毁于戌,天毁于亥”也。盖阴孤而不可毁阳,阳孤而不可毁阴。未济之象,亦一阴一阳之道,而特际其乱者尔。

先天之位,未济居申,申者日之所入也。日绕于大圜之虚,而出入因地以渐移,则申有定位而无定时。无定时,则亦(宜)〔且〕无定位。是终日可寅,终日可申,终日终而终日始,拘于所见者莫之察尔。且申为秋始,秋司刑杀。百谷落而函活藏于甲核,昆虫熊燕蛰而生理息于膻宫,则亦貌杀非杀,而特就于替也。未济亦替而已矣,岂有杀哉?非杀不成乎永终,天地无永终之日矣。

且雷、风、山、泽之代天以主物也,非暄润不为功,故人物非水火不生,而其终也亦非水火不杀。雷、风、山、泽,不能杀物者也。因其任杀,故亦可以一终。而水火之杀,则亦惟水火之不盛也。阳亢而阴凝则盛,故雷风之用著,水火之用微;山泽之体实,水火之体虚。阴间乎阳而为离,阳不得亢;阳间乎阴而为坎,阴不得凝。其在未济也,离火南上而(且)息乎金,失木之养;坎水北下而注乎木,失金之滋;尤非有炎烁泛澜之势也。特以交之已杂,成乎一时之衰,而物遂受其凋敝。故盛为生,衰为杀。盛衰者偶也,生杀者互相养者也。岂有极重难返之势,以迄于大终而待其更始乎?

释氏之言曰:"劫之将坏,有水灾焉,有火灾焉。"以未济观之,火上散而水下漏,水火不给于暄润,则于人物为死,于天地为消。其无有焞焞之焰,滔滔之波,以灭万物、毁二仪而坏之,亦明矣。

天地之终,不可得而测也。以理求之,天地始者今日也,天地终者今日也。其始也,人不见其始;其终也,人不见其终。其不见也,遂以谓邃古之前,有一物初生之始;将来之日,有万物皆尽之终;亦愚矣哉!

是故穷理尽性以至于命者,原始要终,修其实有之规,以尽循环无穷之理,则可以知生死之情状而不惑,合天地之运行而不惭,集义养心,充塞两间而不馁。呜乎! 尽之矣。

二

凡夫万有之化，流行而成用。同此一日之内，同此天地之间，未有殊才异情，能相安而不毁者也。情以御才，才以给情，情才同原于性，性原于道，道则一而已矣。

一者，保合和同而秩然相节者也。始于道，成于性，动于情，变于才。才以就功，功以致效，功效散著于多而协于一，则又终合于道而以始。是故始于一，中于万，终于一。始于一，故曰"一本而万殊"；终于一而以始，故曰"同归而殊涂"。

夫惟其一也，故殊形绝质而不可离也，强刑弱害而不可舍也。舍之以为远害，离之以为保质，万化遂有不相济之情才。不相济曰未济，则何以登情才而成流行之用乎？舍之离之，因万化之繁然者，见其殊绝之刑德，而分以为二。既已分之，则披纷解散，而又忧其不合，乃抑矫揉销归以强之同，则将始于二，成于一。故曰，异端二本而无分。

老氏析(负抱阴阳)〔抱阳负阴〕之旨，而欲复归于一；释氏建八还之义，而欲通之以圆。盖率以道之中于万者以为大始，而昧其本。则才情之各致，或有相为悖害者，固变化之不齐，而以此疑为不足据，乃从而归并于无有，不亦宜乎！

夫同者所以统异也，异者所以贞同也，是以君子善其交而不畏其争。今夫天地，则阴阳判矣；雷风、山泽、水火，则刚柔分矣；是皆其异焉者也。而君子必乐其同，此岂有所强哉？迅雷之朝，疾风以作；名山之上，大泽以流；震巽、艮兑之同而无所强者固然矣，而抑又不足以相害。若夫水火，吾未见其可共而处也,抑又未见其处而不争也。处而不争,则必各顺其性,利其情,相舍相离,而后可同域而安。火炎上,因而上之;水润下,因而下之;则已异矣。炎不熯水,润不灭火,则又以为同矣。呜乎!此未济之世,远害而"亨",而卒以"无攸利"于天下,而易且以终者也,可不慎与!

今夫物之未生,方之未立,一而已矣。成才而为物,则翼以翔空,跖以蹈实,而辨立;准情而建方,则耳目知左,手足知右,而居奠。虽有父母师保,而不能强之以不异。虽然,其异焉者中固有同然者,特忘本者未之察耳。

故极乎阴阳之必异,莫甚于水火。火以熯水,所熯之水何往?水以灭火,所灭之火何归?水凝而不化,熯之者所以荡而善其化;火燥而易穷,灭之者所以息而养其穷;则莫不相需以致其功矣。

需以互交,先难而后易,情德而貌刑,故忘本者尤恝然而畏其争。将以为本异而不可同也,于是析兄弟之居,察情欲之辨,解而散之,因而仍之。因而仍之以为自然,解而散之以为解脱。之说也,其于道也,犹泙澼绕之于渊鱼也。万化之终协于一以藏大始者,固不因之以匮。彼益傲然曰:"其成也固然,而欲互交以致功者,亦拂阴阳之性而无当于成败。"其迷也,亦可谓大哀也矣!

天地之正,不听彼之乱之。圣人之教,辅相以合之者,又维系之。彼既任其相离相舍,则亦徒有其说而无其事,故无能大损于道也。借其不然,胥古今上下以未济,则一终者将以永终,且亦不可以得一终也,则可不谓大哀者与!

　　呜乎！君子之慎未济也，亦为其难而已矣。情异则利用其才，情才俱异则胥匡以道。沉潜刚克，高明柔克，以自治也；礼以齐之，刑以成之，以治人也。然后凝者不以寒沉而泄，燥者不以浮焰而衰。斟酌融通，虑始难而图成易。则天地之间，昭明流动，保合而无背驰瓦解之忧，元化且恃之以成矣。是故未济之慎，则其可以济之秋也。

　　夫水沉而舟浮，舟静而楫动，而理之相因一也。从其情才之迹而任之，以舟撑舟，以水运水，人且望洋而退，岂有赖哉？故卦凶而爻或免，亦以其应而已矣。火之刑水，其害薄，水之刑火，其害酷。离可以引退，不恤其害，犹与交应，则离贤矣。明者下烛而有孚，险者怙终而自曳。六三位进而才退，弃余光而保险，未济之害，独多有之，则凶亦至矣。离贤于坎，坎利于离。得害多者，君子之常；避祸速者，小人之智。成未济者，坎也，而老子曰"上善若水"，其为术可知矣。

周易外传卷五

系辞上传第一章章句依朱子本义。

一

　　夫易,天人之合用也。天成乎天,地成乎地,人成乎人,不相易者也;天之所以天,地之所以地,人之所以人,不相离者也。易之则无体,离之则无用。用此以为体,体此以为用。所以然者,彻乎天地与人,惟此而已矣。故易显其用焉。

　　夫天下之大用二,知、能是也;而成乎体,则德业相因而一。知者天事也,能者地事也,知能者人事也。今夫天,知之所自开,而天不可以知名也。今夫地,能之所已著,而不见其所以能也。清虚者无思,一大者无虑,自有其理,非知他者也,而恶得以知名之? 块然者已实而不可变,委然者已静而不可兴,出于地上者功归于天,无从而见其能为也。虽然,此则天成乎天,地成乎地。人既离之以有其生而成乎人,则不相为用者矣。此之谓"不易"也。

　　乃天则有其德,地则有其业,是之谓乾坤。知、能者,乾坤之所效也。夫知之所废者多矣，而莫大乎其忘之。忘之者，中有间也。万变之理，相类〔相〕续而后成乎其章，于其始统其终，于其终如其始。非天下之至健者，其孰能弥亘以通理而不忘？故以知：知者惟其健，健者知之实也。能之所穷，不穷于其不专，而莫穷乎窒中而执一。执一而窒其中，一事之变而不能成，而奚况其赜！至善之极，随事随物而分其用，虚其中，析其理，理之所至而咸至之。非天下之至顺者，其孰能尽亹亹之施而不执乎一？故以知：能者惟其顺，顺者能之实也。

夫太极○之生元气，阴阳者，元气之阖辟也。直而展之，极乎数之盛而为九，九者数之极，十则仍归乎一矣。因坤之二而一盈其中为三，统九三而(一)贯之〔为一〕，其象奇 ▬ 。始末相类，条贯相续，贞常而不屈，是可彻万理于一致矣，而三位纯焉；因而重之，六位纯焉。斯以为天下之至健者也。元气以敛而成形，形则有所不逮矣。地体小于天。均而置之，三分九而虚其一为六，三分三而虚其一而为二，其象偶 ▬▬ 。天之所至，效法必至，宁中不足而外必及。中不足者，以受天之化也。虚其中以受益，勉其所至以尽功，是可悉物理而因之，而三位纯焉；因而重之，六位纯焉。斯以为天下之至顺者也。故曰"乾知大始，坤作成物"。无思无虑而思虑之所自彻，块然委然而不逆以资物之生，则不可以知名而固为知，不见其能而能著矣。而夫人者，合知、能而载之一心也。故曰"天人之合用"，人合天地之用也。

夫弥亘初终而持之一贯，亦至难矣。虚中忘我，以随顺乎万变，勉其所至而行乎无疆，亦至繁矣。则奚以言乎"易简"

也？曰：惟其纯也。乾者纯乎奇矣，坤者纯乎偶矣。当其为乾，信之笃而用之恒，不惊万物之变而随之以生识，则历乎至难而居天下之至易。当其为坤，己不尸功而物自著其则，受物之取而咸仍其故，则历乎至繁而行天下之至简。乾则以位乎天者此，以达乎人者此，以施乎地者此；六爻三才也。坤则以应乎天者此，以运乎人者此，以成乎地者此。因而重之，罔不皆然。此之谓纯。

夫天秉乾德，自然其纯以健知矣。地含坤理，自然其纯以顺能矣。故时有所鼓，有所润。时互用而相为运，时分用而各有成。震、巽、坎、离、艮、兑之大用，而在六子之各益者，天地初未尝有损，杂者自杂，不害其纯。则终古而无不易也，无不简也，皆自然也，吉凶其所不讳也。圣人所忧患者，人而已矣，故显用于大易，使知欲得夫天下之理者，合天地之用，必其分体天地之撰而不杂者也。

夫知，用奇也则难而易，用偶也则易而难；能，用偶也则繁而简，用奇也则简而繁。然而天下之辨此者鲜矣。

知者未尝忘也。甫其有知，即思能之，起而有作，而知固未全也。因事变而随之以迁，幸而有功焉，则将据其能以为知，而知遂爽其始。故知，至健者也，而成乎弱。弱而不能胜天下，则难矣。

能固未欲执一也。方务能之，而恃所能以为知，成乎意见，以武断乎天下，乃其能亦已仅矣。物具两端，而我参之以为三，非倚于一偏而不至也，则并违其两，但用其独。故能，至顺者也，而成乎逆。逆而欲与物相亲，则繁矣。

是何也？人受天地之中以生，而不能分秩乎乾坤，则知能顾以相涫，健顺固以相困矣。夫人亦有其动焉，亦有其入焉，亦有其幽明之察焉，亦有其止焉，亦有其说焉。然而惟能以健归知，以顺归能，知不杂能，能不杂知者，为善用其心之机，善用其性之力，以全体而摩荡之，乃能成乎德业而得天下之理。借其不然，天之明固在也，地之力固在也，莫知所秩，乘志气之发而遂用之，故德二三非其德，业将成而或败之矣。是以周易并建乾坤以为首，而显其相错之妙。天事因乎天，地事因乎地。因乎天而坤乃有所仿，因乎地而乾乃有所成。故易者，圣人之以治天下之繁难而善其德业者也。

虽然，亡他焉，全体之而得矣。全体之，则可以合，可以分。诚积而必感，自摩之以其几；道备而可给，自荡之以其时。乾坤定则贵贱位，刚柔断，聚以其类，分以其群，象不啙，形不枂，皆定之者不杂也。是故可鼓可润，可寒可暑，可男可女，近合而不乱。贤人以之为劝为威，为行为藏，为内治为外图，成震、巽、坎、离、艮、兑之大用。故曰"易，天人之合用也"，盖纯备之、分秩之之谓也。

二

"鼓之以雷霆"，震也。"润之以风雨"，巽也。"日月运行，一寒一暑"，坎、离也。离秉阳以函阴，为日；坎秉阴以承阳，为月。日运行乎阳中为昼，月运行乎阴中为夜。日运行乎离南，赤道之南。月运行乎坎北，二至月道极乎南北。则寒；日运〔行〕乎坎

北〔一〕，赤道之北。月运〔行〕乎离南，则暑也。"乾道成男"，艮
也；"坤道成女"，兑也。乾坤怒气之生，为草木禽兽，其大成者
为人。天地慎重以生人，人之形开神发，亦迟久而始成。乾坤
之德，至三索而乃成也。于此而见阴阳致一之专，于此而见阴
阳互交之化。然皆其迹而已矣。盖学易者，于此而见阴阳皆
备之全焉。

　　雷霆、风雨相偕以并作，则震巽合矣。日月、寒暑相资而
流行，则坎离合矣。男女相偶以正位而衍其生，则艮兑合矣。
震之一阳，自巽迁者也。巽之一阴，自震迁者也。坎艮之阳，
自离兑迁也。离兑之阴，自坎艮迁也。迁以相摩，则相荡而为
六子；未摩而不迁，则固为乾坤。故震巽一乾坤也，坎离一乾
坤也，艮兑一乾坤也。惟其无往而非纯乾纯坤，〔故乾坤〕成
卦，而三位各足，以全乎乾之三阳、坤之三阴而六位备；因而重
之，而六位各足，以全乎乾之六阳、坤之六阴而十二位备。周
易之全体，六阳六阴而已矣。其为刚柔之相摩，荡为八卦者，
无往而不得夫乾坤二纯之数也。其为八卦之相摩，荡为六十
四卦者，错之综之，而十二位之阴阳亦无不备也。无不备，无
不纯矣。

　　故非天下之至纯者，不能行乎天下之至杂。不足以纯而
欲试以杂，则不贤人之知能而已矣。故曰"所恶于执一者，为
其贼道也，举一而废百也"。霸者之术，亦王者之所知，而王道

〔一〕"行"字，据上文"日运行乎离南，月运行乎坎北"文例补。下句"行"
　　　字同。

规其全,则时出为事功,而无损于王者之业。异端之悟,亦君子之所能,而君子体其全,则或穷乎孤至,而无伤于君子之德。

故天下无有余也,不足而已矣;无过也,不及而已矣。撰之全,斯体之纯;体之纯,斯用之可杂。几不能不摩,时不能不荡。以不摩不荡者为之宗,以可摩可荡者因乎势,以摩之荡之者尽其变。故可鼓也,可润也,可运也,可成也。而未鼓未润,未运未成,乾坤自若也;方鼓方润,方运方成,乾坤自若也。统六子而为乾坤,六子之性情咸具,而但俟其生。与六子而并为八卦,父母之功能固著,而不倚于子。故致一者其机也,互交者其情也,皆备者其诚也。诚者亡他,皆备而已尔。

呜乎!使君子而为小人之为,则久矣其利矣;使圣人而为异端之教,则久矣其述矣;使王者而为桓、文之功,则久矣其成矣。小人之利,君子亦谋之以育小人;异端之教,圣人亦察之以辨异端;桓、文之功,王者亦录之以命牧伯。而特更有大焉,彻乎万汇之情才而以昭其德;更有久焉,周乎古今之事理而以竟其业。刚极乎健,而非介然之怒生与惰归之余勇。柔极乎顺,而非偶用之委蛇与不获已之屈从。天下之德固然,贤人之相肖以成位乎中者,其能歉乎哉?

未至于此者,学之博,行之笃,弗能弗措,以致曲于全,尚庶几焉。老氏仅有其一端之知,而曰"曲则全",其劣著矣。雷风不相薄,水火〔不〕相射,男女不相配,自有天地以来,未有能为尔者也。执一废百,毁乾坤之盛,而骄为之语曰"先天地生",夫孰欺?

三

大哉周易乎！乾坤并建以为大始，以为永成，以统六子，以函五十六卦之变，道大而功高，德盛而与众，故未有盛于周易者也。

连山首艮，以阳自上而徐降以下也。归藏首坤，以阴具其体以为基而起阳之化也。夏道尚止，以遏阴私而闲其情；然其流也，墨者托之，过俭以损其生理。商道拨乱，以物方晦而明乃可施；然其流也，霸者托之，攻昧侮亡以伤其大公。

呜乎！道盛而不可复加者，其惟周易乎！周道尚纯，体天地之全以备于己。纯者至矣，故诗曰"呜乎不显，文王之德之纯"，文王之所以配天也。

乾坤并建于上，时无先后，权无主辅，犹呼吸也，犹雷电也，犹两目视、两耳听，见闻同觉也。故无有天而无地，无有天地而无人，而曰"天开于子，地辟于丑，人生于寅"，其说诬矣。无有道而无天地，而曰"一生三，道生天地"，其说诬矣。无有天而无地，况可有地而无天，而何首乎艮坤？无有道而无天地，谁建坤艮以开之先？

然则独乾尚不足以始，而必并建以立其大宗，知能同功而成德业。先知而后能，先能而后知，又何足以窥道阃乎？异端者于此争先后焉，而儒者效之，亦未见其有得也。夫能有迹，知无迹，故知可诡，能不可诡。异端者于此，以知为首，尊知而贱能，则能废。知无迹，能者知之迹也。废其能，则知非其知，而知亦废。于是异端者欲并废之。故老氏曰"善行无辙迹"，则能废矣;曰"涤除玄览",则知废矣。释氏曰"应无所住而生其心",则能废矣;曰"知见立知即无明本",则知废矣。知能废,则乾坤毁。故曰:"乾坤毁则无以见易。"不见易者,必其毁乾坤者也。毁乾坤,犹其毁父母也矣。故乾坤并建,以统六子,以函五十六卦之大业,惟周易其至矣乎!

抑邵子之图易,谓自伏羲来者,亦有异焉。太极立而渐分,因渐变而成乾坤,则疑夫乾坤之先有太极矣。如实言之,则太极者乾坤之合撰,健则极健,顺则极顺,无不极而无专极者也。无极,则太极未有位矣。未有位,而孰者为乾坤之所资以生乎?

且其为说也,有背驰而无合理。夫乾坤之大用,洵乎其必分,以为清宁之极,知能之量也。然方分而方合,方合而方分,背驰焉则不可得而合矣。

其为说也,抑有渐生而无变化。夫人事之渐而后成,势也,非理也。天理之足,无其渐也。理盛而势亦莫之御也。易参天人而尽其理,变化不测,而固有本矣。奚待于渐以为本末也? 如其渐,则泽渐变为火,山渐变为水乎?

其曰乾坤为大父母者,不能不然之说也。其曰复姤小父母,则其立说之本也。宋郑央、秦玠亦有此说。不然,则父母而二之,且不能解二本之邪说,而彼岂其云然?

自复而左,左生乎颐,明夷左生乎贲,临左生乎损,泰左生乎大畜。自姤而右,右生乎大过,讼右生乎困,遁右生乎咸,否右生乎萃。而无妄无以生明夷,升无以生讼,则复姤又不任为小父母。

乾右生夬,履右生兑,同人右生革,无妄右生随。坤左生剥,谦左生艮,师左生蒙,升左生蛊。而泰无以生履,否无以生谦,则乾坤又不任为大父母。

如其以泰生临,履生同人,明夷生复,否生遁,谦生师,讼生姤,为往来之交错,则姤复为云仍之委绪。以无妄生同人,明夷生临,履生乾,升生师,讼生遁,谦生坤,为中外之(之)〔互〕绕[一],则乾坤为奕叶之苗裔。

凡此者,既不能以自通,抑不足以自固。而但曲致其巧心,相为组织,遂有此相因而成乎渐者以为之序,相背而分其疆者以为之位,而其说遂以立。

夫乾尽子中,何以为乾?坤尽午中,何以为坤?子中无乾,何以为子?午中无坤,何以为午?抑与其“天开于子,地辟于丑”之说相叛,而率之何以为道?修之何以为教?则亦谈天之艳技而已。

夫天,吾不知其何以终也;地,吾不知其何以始也。天地始者,其今日乎!天地终者,其今日乎!观之法象,有乾坤焉,则其始矣。察之物理,有既济未济焉,则其终矣。故天可以生六子,而必不能生地。天地可以成六子,而六子必不能成天地。天地且不相待以交生,而况姤复乎?乃且谓剥之生坤,夬之生乾,则其说适足以嬉焉尔矣。

考<u>邵子</u>之说,创于导引之黄冠,<u>陈图南</u>。传于雕虫之文士,<u>穆伯长</u>。固宜其燀乱阴阳,拘牵迹象之琐琐也。而以为<u>伏羲</u>之

〔一〕“互”原作“之”,据文义改。

始制,旷万年而何以忽出? 此又不待智者而知其不然矣。

"乾知大始,坤作成物。""是故刚柔相摩,八卦相荡。"夫子之学易,学此者也。非仲尼之徒者,惟其言而莫之违,而孰与听之?

系辞上传第二章

阴阳与道为体,道建阴阳以居。相融相结而象生,相参相耦而数立。融结者称其质而无为,参耦者有其为而不乱。象有融结,故以大天下之生;数有参耦,故以成天下之务。象者生而日生,阴阳生人之撰也;数者既生而有,阴阳治人之化也。

阴阳生人而能任人之生,阴阳治人而不能代人以治。既生以后,人以所受之性情为其性情,道既与之,不能复代治之。象日生而为载道之器,数成务而因行道之时。器有小大,时有往来,载者有量,行者有程,亦恒龃龉而不相值。春霖之灌注,池沼溢而不为之止也;秋潦之消落,江河涸而不为之增也。若是者,天将无以佑人而成〔天下〕之务矣〔一〕。

圣人与人为徒,与天通理。与人为徒,仁不遗遐;与天通理,知不昧初。将延天以佑人于既生之余,而易由此其兴焉。

夫时固不可侥也,器固不可扩也。侥时而时违,扩器而器败。则抑何以佑之? 器有小大,斟酌之以为载;时有往来,消息之以为受。载者行,不载者止;受者趋,不受者避。前使知

〔一〕"天下"二字,据易系辞"故能成天下之务"及上文"故以成天下之务"补。

之,安遇而知其无妄也;中使忧之,尽道而抵于无忧也;终使善之,凝道而消其不测也。此圣人之延天以佑人也。

虽然,亦待其人矣。器不足以承佑,圣人之于人犹天也,不能保诸既佑之余。然则能承圣人之佑者,其惟君子(也)〔乎〕?

且夫兴鬼神以前民用者,龟筮之事,是不一类,而恒不能壹因于道。象而不数,数而不象,有遗焉者矣。器与时既不相值,而又使之判然无以相济也。若夫象肖其生,数乘其务,吉凶之外有悔吝焉,昼夜之中有进退焉,则于以承佑也甚易矣。然而舍君子则固不胜者,愚不肖不与其深,贤智恒反其序也。故君子之器,鲜矣。

何也?易之有象也,有辞也,因象而立者也;有变也,有占也,因数而生者也。象者气之始,居乎未有务之先;数者时之会,居乎方有务之际。其未有务则居也,其方有务则动也。居因其常;象,至常者也。动因乎变;数,至变者也。

君子常其所常,变其所变,则位安矣。常以(制)〔治〕变[一],变以贞常,则功起矣。象至常而无穷,数极变而有定。无穷故变可治,有定故常可贞。

无穷者何也?阴阳形器之盛,放乎天地而察乎臣妾、鼠豕,不胜繁也;始乎风雷而极乎劓刖、号笑,不胜迁也。有定者何也?非其七九,则其六八也;非其七八,则其九六也。

〔一〕"治"原作"制",据下文"无穷故变可治"及卷六系辞下传第七章"于常治变"改。

君子无穷其无穷，而有定其有定。所观者〔统乎〕设卦之全象，所玩者因乎变动之一爻。居不以苟安为土，纤芥毫毛之得失，皆信其必至。动不以非常为怪，仓卒倒逆之祸福，一听其自然。信其必至，故度务之智深。听其自然，故敦止之仁壹。智深而必无少见多怪之惊，仁壹而必无周旋却顾之私。则可安可危，而志不可惑也；可生可死，而气不可夺也。是以能于易而承天之佑也。

其非君子也，则恒反其序。反其序者，执象以常，常其常而昧其无穷；乘数以变，变其变而瞀其有定。是故耳穷于隔垣，笙簧奏而不闻；心穷于诘旦，晴雨变而无备。偷窳于今日之暇，局促于咫尺之安，专之以为利，保之以为欢，而天下则固然其将变矣。此亦一端矣，彼亦一端矣，则又迎之而笑，距之而啼，因杌而疑鬼，因牛羊而梦王公。吉不胜喜，喜至而吉尽；凶不胜惧，凶去而惧未忘。仆乱伥皇以邀福而逃祸者，卒不知祸福之已移于前也，而况能先祸福以择名义之正也哉？矇瞀塞目于黼黻，稚子撑耳于雷霆，象非其象而数非其数，乃以怨天之不佑也，天且莫如之何，而况于圣人乎？

呜乎！圣人之承天以佑民者至矣。诗、书、礼、乐之教，博象以治其常；龟筮之设，穷数以测其变。合其象数，贞其常变，而易以兴焉。智之深，仁之壹，代阴阳以率人于治，至矣，蔑以尚矣。而非君子之器，则失序而不能承。故天之待圣人，圣人之待君子，望之深，祈之夙。而学易之君子，将何以报圣人邪？

系辞上传第三章

得数之体，多者为大，少者为小。阴阳动静乎太极，阳倡而阴和，倡者捷得而廉，和者徐收而贪，故阳一而阴二，则阴多也。阳数一、三、五、七、九，积二十五；阴数二、四、六、八、十，积三十，是阴犹多也。大衍之数五十五，去中五以用五十，阳未用而早挂其五，是阴又多也。三百八十四位之象，阴阳各半，阴抑不处其少也。然而阴卒以少为小，岂其才之不给，盖情之不逮矣。

夫数，将以用之也。有数而不用，均于无数；用而苟恤其私，均于不用。故能用者少而有余，不用者多而不足。纣之亿万，不寡于周之十人也？唐高之一旅，非富于子孙之天下也？阴阳均受数于太极，逮其既用，阳之揲四，凡七凡九，而余者或十三，或二十一；阴之揲四，凡六凡八，而余者或十七，或二十五。阴之所余，恒多于阳之一揲。不以揲而以余，阴非不足。而吝于用，于是阴遂成乎小焉。

夫崇己以替天下，则笾豆见色；利天下而节于己，则膏泽不屯。人莫窥其所藏，而窥其所建，于是乎阳任大而无惭，阴欲辞小而不得。

何也？廉于取者其施必轻，贪于求者其与必吝。受数少，则富不足以自矜，而与物若借。受数多，则情常怙于取赢，而保己恒深。鹿台、巨桥之发，封桩之世不能也，而必见之开创之日。酒浆干镆之愆，薇蕨之士亡有也，而多得之千金之子。

薰风之吹,不能如朔风之久,及其怒号披拂,荣百昌之生也,昼夜而有九春之势,惟其用之大也。

夫俭其身以利天下者,宜天下多以利报之,则大易而小险,情相称也。然而数则有不然者。莫大于龙,而亢或有悔;莫小于鱼,而贯或承宠。且不但此也。阳一索而震,动物者先自惧也;再索而坎,陷物者先自劳也;三索而艮,止物者先自戢也。则皆险也。阴一索而巽,入物者己自逊也;再索而离,丽物者己自明也;三索而兑,说物者己自和也。则皆易也。是故卦小而易,卦大而险。天下替而己崇,天下利而己损,物之不齐,亦莫能得其施报之平矣。

然而易之有辞,恒消息其险易以剂之平。称阳而险之,或以阻其乐施之气;称阴而易之,或以奖其畜厚之私。是故因其所之,以指吉凶,而存介以忧,存悔以无咎,则奖阳而沮阴,权行乎其间焉。大壮之"尚往",夬之"中行",泰然足以大施于物,然且劝之以必进;大过之"灭顶",节之"贞凶",茶然不保其小于(巳)〔己〕〔一〕,然且慰之以非罪;终不戒阳奢而忧阴以凉也。且夫险者平之基,易者危之府。忧于其介,悔于其震,阴阳之险易,亦岂有恒哉!

若夫异端之窃易也,亦知贵阳而贱阴也,而恒矫阴阳之性情以为小大。保阳于己,数盈而不勤于用;外阴于物,数歉而乘之以游。其精者以为贵生,曰"不凝滞于物,而与物推移"。其粗者以为养生,曰"进阳火而退阴符"。与物推移,则无贵于

〔一〕"己"原作"已",据文义改。

大矣。阴符必退,则有受其小者矣。凭险而弃易,以自得其易。易在己,则险在两间。始于贵阳,而究与阴同功。是逆数以斗阴阳之胜矣。

呜乎!阳之大也,惟其用之天下而大也。其险也,则忧悔之所由以致功也。己不足以死者,物不足以生。不靳生以死天下,是为大人而已矣。

系辞上传第四章

引阴阳之灵爽以前民用者,莫不以象数为其大司。夫象数者,天理也,与道为体,道之成而可见者也。道,非无定则以为物依,非有成心以为期于物。予物有则,象数非因其适然;授物无心,象数亦非有其必然矣。适然者尊鬼,必然者任运,则知有吉凶,而人不能与谋于得失。

神祠之莛卜也,何承天之棋卜也,火珠林之钱卜也,皆听其适然而非有则也,尊鬼之灵以治人,而无需于人谋。或为之说曰:"齐戒之诚,神明之通也。"夫自以其诚为神明,则曷不断之心,而又推之于不可知也乎?以诚迓神,诚者人之心,神者天地之道,有往来焉,而岂神之无道以但听于心邪?

此其说猥陋而不足以眩知者,则又有进焉者:或凭宿舍,或凭日月,或凭候气,皆取其必然而非无心也。取其必然,则固以所凭者为体。故禽壬、奇门、太一之类,其说充塞,而皆依仿历法之一端以为体。体循于化迹,而不知其所由变,因其已成,而非有神以司其动,则亦任运而无需于鬼谋。即使先知之以为趋避,则亦登祸福而废善恶,乘捷以争阴阳之胜也。

乃彼自成乎技,而未敢窃易以与圣人争鸣,则又有托于易以鸣者:纳甲以月为体,卦气以辰为体,滥而及于五行之生克,占日之孤虚。缩天地之大德,而观之于一隙,既已乱矣。然乱之于数,而未敢乱其理也。又有进焉者:京房之律也,魏伯阳之契也,扬雄之玄也,关朗之包也,司马公之虚也,蔡氏之畴也,则要理以为体矣,因要理以置之于其方矣。

夫律者上生下生,诚肖乎七八九六之往来,而黄钟之数十一,则天五地六之一数也。数全而仅用其二,以之建方,以之立体,是拘守其一,而欲蔽其全矣。故易可以该律,律不可以尽易。犹易可以衍历,历不可以限易。盖历者象数已然之迹,而非阴阳往来之神也。故一行智而京房迷矣。

伯阳之以十二时火符进退为复姤,以子寅为屯蒙,执而不可易。故交变错综之捷于往来者,不能与知,而画阴阳之墟使相敌战,因摈自姤以往为必退之符。则将使天地之气断而不续,有小知之观时,而无大仁之安土也。

卦言乎象,爻言乎变。故四千九十六,从人事之类以取决于阴阳。元包、潜虚,录卦而废爻,方有涯,体有定。则将使人事之理有静而无动,守不流之仁,而无旁行之知也。

畴演雒书,而七十二之位,不能摩荡于风雷水火之变,是冬无燠日而夏无阴雨也,尧、汤不异治而政教不合施也。建一极以准福极,则无知命之变迁,而亦无敦土之繁备也。

乃其尤倍者,则莫剧于玄焉。其所仰观,四分历粗率之天文也。其所俯察,王莽所置方州部家之地理也。进退以为鬼神,而不知神短而鬼长。寒暑以为生死,而不知冬生而夏杀。方有定而定神于其方,体有限而限易以其体。则亦<u>王莽</u>学周公之故智。<u>新美雄</u>而<u>雄美新</u>,固其宜矣。

要而言之,之数者皆索神于方,而疑数于体。其于易也,犹爝火之于日月。何也?"神无方而易无体",易与神合,而非因物以测神。神司变而物蔽物,易弥纶天地,而彼袭天地之绪余,则得失之相去,岂特寻丈哉?

夫数之有七八九六也,乾坤之有奇偶也,分二、挂一、揲四、归奇之各有(当)〔象〕也,四营之积一三二二、十有八变之乘三六以备阴阳也,三百六十、万一千五百二十之各有当也,六变而七、九化而八之以往来为昼夜也,象数昭垂,鬼不得私,而任谋于人。五十而用四十有九也,分而为二,用其偶然而非有多寡之成数也,幽明互用,人不得测,而听谋于鬼。待谋于人而有则,则非适然之无端;听谋于鬼而无心,则非必然之有畛。是故推之律而在,推之历而在,推之符火而在,推之候气而在。凡彼所推者,皆待生于神。待者一隅,所待者大全。大全,则固未可以方方矣。

若夫五十六卦之综也,捷往捷来,而不期以早暮;乾、坤、坎、离、大过、颐、中孚、小过之错也,捷反捷复,而不期以渐次。始交而屯,不以复泰;一终而未济,不以剥否。一奇一偶而六,六而四十八,四十八而三百八十四,三百八十四而四千九十六,四千九十六而出入于三百八十四之中。推之律而无定,推之历而无定,推之符火而无定,推之候气而无定。凡彼所推者,皆因生得体。因生者非可因,所因者无不可因。无不可因,则固未可以体体矣。

是何也?方者方而非众方,体者体而非众体;东西纬而不可伸以为经,南北经而不可展以为纬。耳目法天以虚,使举实而无力;手足法地以实,使察虚而无权。故将以知取方而知不能守,以仁守方而仁不能取,以知用体而知不能举,以仁举体而仁不能用。方体有限而仁知偏诎也。

若夫道之于阴阳也,则心之于人也。方者其所字也,体者其所使也。俄而立于此,则此为东南,此为西北;俄而移于彼,则彼为西东,彼为南北。方其使耳目以视听,而手足不以实为扞格;方其使手足以持行,而耳目不以虚相浮荡。方惟其所字而皆非乱也,体惟其所使而皆不废也。一彼一此,则知可取;一彼一此而不乱,则仁可守;使之必任,则仁可举;使在此而彼不废,则知可用。是以知仁并用于心,而人鬼交谋于道。

盖无方者,无方之不仁;无体者,无体而不充;惟其有则,惟其无心而已矣。待谋于人者其有则,听谋于鬼者其无心,易之所以合神而与天地准也。由是而守其则,则可以安土敦仁而能爱;信其无心,则可以乐天知命而不忧;而弥纶天地之道建矣。

夫有则者,因器而无定则;无心者,万物皆见其心;则是惝恍者不足以遇之,希夷者尤不足以君之也。岂彼一技一理,足以与其大哉?然而乐广之言,犹曰"易以无为体",是益求虚而限于滞矣。

有所谓为体者,既困易于体之中;有所谓无者,又立无于易之外。无不给有,天下无需于易而易废;体非其用,圣人用易而与易相违乎! 夫不见七八九六之成于无心以分二,而无心所分之二,受则于七八九六而不过也乎? 故托玄、老以窃易,覆使易有体而滞焉。善言易者,合天地以皆备,穷幽明物理以见心,其得辄立一体以拟之哉?

系辞上传第五章

一

"书不尽言,言不尽意",是故有微言以明道。微言绝而大道隐,托之者将乱之,乱之者将叛之,而大道终隐于天下。易曰:"一阴一阳之谓道。"或曰,抟聚而合之一也;或曰,分析而各一之也。呜乎! 此微言所以绝也。

以为分析而各一之者,谓阴阳不可稍有所畸胜,阴归于阴,阳归于阳,而道在其中。则于阴于阳而皆非道,而道且游于其虚,于是而老氏之说起矣。观阴之窍,观阳之妙,则阴阳瓦解而道有余地矣。

以为抟聚而合之一者,谓阴阳皆偶合者也,同即异,总即别,成即毁,而道函其外。则以阴以阳而皆非道,而道统为摄,于是而释氏之说起矣。阴还于阴,阳还于阳,则阴阳退处,而道为大圆矣。

于是或忌阴阳而巧避之,或贱阴阳而欲转之,而阴阳之外有道。阴也,阳也,道也,相与为三而一其三。其说充塞,而且嚣嚣然曰:"儒者言道,阴阳而已矣。是可道之道,而非常道也;是沤合之尘,而非真如也。"乱之者叛之,学士不能体其微言,启户而召之攻,亦烈矣哉!

尝论之曰:道者,物所众著而共由者也。物之所著,惟其有可见之实也;物之所由,惟其有可循之恒也。既盈两间而无不可见,盈两间而无不可循,故盈两间皆道也。可见者其象也,可循者其形也。出乎象,入乎形;出乎形,入乎象。两间皆形象,则两间皆阴阳也。两间皆阴阳,两间皆道。夫谁留余地以授之虚而使游,谁复为大圆者以函之而转之乎? 其际无间,不可以游。其外无涯,不可以函。

虽然,此阴阳者,恶乎其著而由之,以皆备而各得邪? 易固曰:"一阴一阳之谓道。"一之一之云者,盖以言夫主持而分剂之也。

阴阳之生,一太极之动静也。动者灵以生明,以晰天下而不塞;静者保而处重,以凝天下而不浮;则其为实,既可为道之体矣。动者乘变以为常,锐而处先,故从一得九;静者安居以待化,辟以任受,故从二得十;则其数,既可备道之用矣。夫天下能治其所可堪,不能强其所不受,固矣。是以道得一之一之而为之分剂也。

乃其必有为之分剂者:阳躁以廉,往有余而来不足;阴重以啬,来恒疾而往恒迟;则任数之固然而各有竭。阳易迁而奠之使居,阴喜滞而运之使化,迁于其地而抑弗能良。故道也者,有时而任其性,有时而弼其情,有时而尽其才,有时而节其气,有所宜阳则登阳,有所宜阴则进阴。故建一纯阳于此,建一纯阴于此,建一阴老而阳稚者于此,建一阳老而阴稚者于此,建一阴阳相均者于此,(见)〔建〕一阴阳相差者于此〔一〕,建一阴阳畸倍者于此,建一阴少而化阳者于此,建一阳少而主阴者于此,建一相杂以统同者于此,建一相聚以析异者于此。全有所任而非刚柔之过也,全有所废而非刚柔之害也,两相为酌而非无主以浑其和也。

如是,则皆有分剂之者。子得母多而得父少,不奖其多,子必继父以立统。德逸于知〔而〕劳于能,不奖其逸,德要于能以成章。故数有多少而恒均,位有亢疑而恒定,极乎杂乱而百九十二之数不损。耳目长而手足短,长以利远而短以利近。手足强而耳目弱,强以载大而弱以入微。孰为为之而莫不为,则道相阴阳;孰令听之而莫不听,则阴阳亦固有夫道矣。

动因道以动,静因道以静。任其性而有功,弼其情而非不乐也。尽其才而不倦,节其气而不菀也。人之生也固然。溯而上之,有天有地,以有山泽水火雷风,亦岂有不然者哉?

惟然,非有自外函之以合其离也,非有自虚游之以离其合也。其一之一之者,即与为体,挟与流行,而持之以不过者也。无与主持,而何以情异数畸之阴阳,和以不争而随器皆备乎?和以不争,则善也,其有物之生者此也,非有先后而续其介以为继矣。随器皆备,则性也,非待思为而立其则以为成矣。

是故于阴而道在,于阳而道在,于阴阳之乘时而道在,于阴阳之定位而道在,天方命人,和而无差以为善而道在,人已承天,随器不亏〔以为性〕而道在,持之者固无在而不主之也。

〔一〕"建"原作"见",据太平洋书店排印本及上下文例改。

一之一之而与共焉，即行其中而即为之主。道不行而阴阳废，阴阳不具而道亦亡。言道者亦要于是而已。

是故有象可见，而众皆可著也；有数可循，而无不共由也。未有之先此以生，已有之后此以成。往古来今则今日也，不闻不见则视听也。斡运变化而不穷，充足清宁而不乱。道之缊，尽此而已。如曰抟聚而合之也，分析而置之也，以是谓之曰一，道恶乎而不隐，*易*恶乎而不废哉！

二

人物有性，天地非有性。阴阳之相继也善，其未相继也不可谓之善。故成之而后性存焉，继之而后善著焉。言道者统而同之，不以其序，故知道者鲜矣。

性存而后仁、义、礼、知之实章焉，以仁、义、礼、知而言天，不可也。成乎其为体，斯成乎其为灵。灵聚于体之中，而体皆含灵。若夫天，则未有体矣。

相继者善，善而后习知其善，以善而言道，不可也。道之用，不僭不吝以不偏，而相调，故其用之所生，无僭无吝以无偏，而调之有适然之妙。妙相衍而不穷，相安而各得，于事善也，于物善也。若夫道，则多少阴阳，无所不可矣。

故成之者人也，继之者天人之际也，天则道而已矣。道大而善小，善大而性小。道生善，善生性。

道无时不有，无动无静之不然，无可无否之不任受。善则天人相续之际，有其时矣。善具其体而非能用之，抑具其用而无与为体，万汇各有其善，不相为知，而亦不相为一。性则敛于一物之中,有其量矣。有其时,非浩然无极之时;有其量,非融然流动之量。故曰"道大而善小,善大而性小"也。

小者专而致精,大者博而不亲。然则以善说道,以性说善,恢恢乎其欲大之,而不知其未得其精也。恢恢乎大之,则曰"人之性犹牛之性,牛之性犹犬之性"亦可矣。当其继善之时,有相犹者也,而不可概之已成乎人之性也,则曰"天地与我同根,万物与我共命"亦可矣。当其为道之时,同也共也,而不可概之相继以相授而善焉者也。惟其有道,是以继之而得善焉,道者善之所从出也。惟其有善,是以成之为性焉,善者性之所资也。方其为善,而后道有善矣。方其为性,而后善凝于性矣。

故孟子之言性善,推本而言其所资也,犹子孙因祖父而得姓,则可以姓系之。而善不于性而始有,犹子孙之不可但以姓称,而必系之以名也。然则先言性而系之以善,则性有善而疑不仅有善。不如先言善而纪之以性,则善为性,而信善外之无性也。观于系传,而天人之次序乃审矣。

甚哉,继之为功于天人乎!天以此显其成能,人以此绍其生理者也。性则因乎成矣,成则因乎继矣。不成未有性,不继不能成。天人相绍之际,存乎天者莫妙于继,然则人以达天之几,存乎人者亦孰有要于继乎!

夫繁然有生,粹然而生人,秩焉纪焉,精焉至焉,而成乎人之性,惟其继而已矣。道之不息于既生之后,生之不绝于大道之中,绵密相因,始终相洽,节宣相允,无他,如其继而已矣。以阳继阳而刚不馁,以阴继阴而柔不孤,以阳继阴而柔不靡,以阴继阳而刚不暴。滋之无穷之谓恒,充之不歉之谓诚,持之不忘之谓信,敦之不薄之谓仁,承之不昧之谓明。凡此者,所以善也。则君子之所以为功于性者,亦此而已矣。

继之则善矣,不继则不善矣。天无所不继,故善不穷。人有所不继,则恶兴焉。利者俭得俭失者也,欲者偶触偶兴者也。仁者存存者也,义者井井者也。利不乘乎俭得,安身利用不损乎义,惟其可贞也;欲不动于偶触,饮食男女不违乎仁,惟其有常也。乍见之怵惕,延之不息,则群族托命矣;介然之可否,持之不迁,则万变不惊矣。学成于聚,新故相资而新其故;思得于永,微显相次而显察于微。其不然者,禽兽母子之恩,喔喔麌麌,稍长而无以相识;夷狄君臣之分,炎炎赫赫,移时而旋以相戕。则惟其念与念之不相继也,事与事之不相继也尔矣。从意欲之兴,继其所继,则不可以期月守。反大始之原,继其所自继,则终不以终食忘。何也? 天命之性有终始,而自继以善无绝续也。川流之不匮,不忧其逝也,有继之者尔。日月之相错,不忧其悖也,有继之者尔。知其性者知善,知其继者知天,斯古人之微言,而待于善学者与!

故专言性,则"三品""性恶"之说兴;溯言善,则天人合一之理得;概言道,则无善、无恶、无性之妄又熸矣。大者其道乎! 妙者其善乎! 善者其继乎! 壹者其性乎! 性者其成乎! 性可存也,成可守也,善可用也,继可学也,道可合而不可据也。至于继,而作圣之功蔑以加矣。

系辞上传第六章

拟易以所配，其义精矣。非密审其理者，未易晰也。故天阳而地阴，天地亦阴阳也；春夏阳而秋冬阴，四时亦阴阳也；而仅配阴阳于日月者，谓夫阴阳之例成而不易者也。

天道有阴，地道有刚，以言天地不可矣。四时密相禅，而生杀各有其时，以言四时不可矣。故日月而后其配确也。日行出(则)〔为〕昼而入为夜，月明生于夜而死于昼，相与含吐而各保其时，相与匹合而各贞其德。各保其时，则广有畛而大有涯；各贞其德，则有通理而无变化。斯以为阴阳之例成而不易者尔。

若夫广大者，阴阳之用也；变通者，阴阳之制也。

其为用也，日月、风雷、山泽，赜而存焉，非日月所能尽也；合一岁以成功，储其无穷以应气机，非四时之有待也。非天地，其孰有此不匮之神邪？

其为制也，四时均此一日月，而无分阴分阳之象；统此一天地，而流行于广大之中。当其移易也，微动而无垠；当其著效也，专致而不备。故冬之变春，老阴之上生一而七也；夏之变秋，老阳之下化一而八也；春之通夏，少阳之上生二而进九也；秋之通冬，少阴之下化二而退六也。任生者奇，任成者偶。六而七，九而八，各用奇而生；七而九，八而六，各用偶而成。生者外生，成者内成。外生变而生彼，内成通而自成。故冬以生温于寒，夏以生凉于暑；夏以成温而暑，冬以成凉而寒。力有余而数未尽,则损益各二以尽之。数已终而力竭,功必以渐而不可骤,则损益各一以渐易之。酌其虚盈,变必通,穷必变;酌其多少,为度于数;故曰阴阳之制也。

七曜之或进或退,通也,而历以推。十二宫之上生下生,变也,而律以调。律历本于易之变通,而于阴阳之例而为质,广大之体而为用者,则未之有准也。故易可以推律历,律历不可以尽易。无所准于天地则德行废,无所准于日月则成质亏。久矣,卦气之说碍于一隅矣。

是故备乎两间者,莫大乎阴阳,故能载道而为之体,以用则无疆,以质则不易,以制则有则而善迁。天之运也,地之游也,日月之行也,寒暑气候之节也,莫不各因其情以为量,出入相互,往来相遇,无一定之度数,杂然各致,而推荡以合符焉。

故圣人之于易也,各因其材以配之,形象各得,生成各遂,变化各致,而要不相为凌背,则吉凶著而化育成矣。若守其一隅,准诸一切,则天理不相揜,而人事相违,又恶足以经纬乎两间哉?故曰"神无方而易无体",广大之谓也。

乃为月令之说者曰:"春夏阳,秋冬阴。王者继天而为之子,春夏用赏,秋冬用刑。"是春夏废阴而秋冬废阳也。赏以法阳,刑以法阴,一如日月之县象,例一成而不易,昭垂于庶民,使其以昼夜之行为吉凶,则刑赏之法日月是已。变刑而先赏,变赏而先罚,通赏以五典,通刑以三刺,则变通以情理,犹冬无凄阴,夏无酷暑也。赏以劝善而恶者愧,刑以惩恶而善者安,非刑无阳而赏无阴,则上下进退之生积备矣,岂规规然画四时以生杀乎?如其画赏于春夏,画刑于秋冬,抑无以待人事之变,而顺天命天讨之宜,卒有肘腋之奸,待之数月而戎生于莽;大功既建,而印刓未与,倘其不逮期而溘先晨露,将勿含憾于泉壤哉?故曰:赏不逾时,罚不旋踵,无所待以昭大信也。

然则月令之书,战国先秦道丧而托于技,盖非圣之书,而吕不韦、刘安以附会其邪说。戴氏杂之于礼,后儒登之于经,道愈裂矣。变复之术,王充哂之,亦知言者夫!

系辞上传第七章

天地无心而成化,故其于阴阳也,泰然尽用之而无所择:晶耀者极崇,而不忧其浮也;凝结者极卑,而不忧其滞也。圣人裁成天地而相其化,则必有所择矣。故其于天地也,称其量以取其精,况以降之阴阳乎?

圣人赖天地以大,天地赖圣人以贞。择而肖之,合之而无间,圣人所以贞天地也。是故于天得德,于地得业。尊天之崇,不以居业;顺地之卑,不以(择)〔宅〕德。借不然者,违其量,不(测)〔择〕其精;务过高之偭行,不与百姓相亲;安不足之凉修,不与禽(兽)〔狄〕相别;行过高而业不称义之宜,修不足而德不揜道之充。乃为之说曰:"大德若不足。"或为之说曰:"究竟如虚空。"恒得阴阳之过而倒循之,其邪说诐行之成,有自来矣。

夫以崇法天,以卑效地,圣人以择之既精者,判然而奠位。然非其判然奠位,而遂足以贞天地也。

天终古而崇,无所留以为滞;地终古而卑,无所隙以为浮,其位是已。而一往一来,一动一静,其界也迥别而不相袭,其际也抑密迩而不容间。故天崇而以其健者下行,地卑而以其顺者上承,虚实相持,翕辟相容,则行乎中者是已。"行乎中"者,道也,义也。道以相天而不骄,义以勉地而不倍。健顺之德,自有然者,而道义行焉矣。

继善以后,人以有其生,因器以为成性,非徒资晶耀以为聪明,凝结以为强力也。继其健,继其顺,继其行乎中者,继者乃善也。行乎其中者,则自然不过之分剂,而可用为会通者也。

知因虚以入实,其用下彻;礼因器以载道,其用上达。下彻者要崇而纳之于不浮,上达者致卑而升之于不滞,绍介以使之相见,密络以不使之相离。故知、礼者,行乎天地之中,以合其判然者也。

惟然,故圣人有门以上而遵道于天,有门以下而徙义于地。天不以处之尊,恝然舍人而养其高;地不以位之实,颓然舍人而保其广。于彼不舍者,于此得存,故存天存地。而行乎其中者,成性固存之矣。

奚以明其然也? 天虚而明,地繁而理。礼法繁理,手足为容;知效虚明,耳目任用。下彻者虚明之垂也,上达者繁理之积也。虚明下彻,故日星风雨,足以析物之根荄而酌为授;繁理上达,故草木虫鸟,足以类化之精华而登其荣。是故知无不察,所知者不遗于毫毛;礼无不备,所体者不舍乎仁孝。蓍龟感于无形,吉凶者,居室之善否也;俎豆修于在列,昭明者,上帝之陟降也。不然,异端浮其量以为知,崇而不来,觉识无以作则;祝史滞其文以为礼,卑而不往,歌哭无以发情。知礼不相谋,崇卑不相即。笃实之性去于异端,哀乐之性去于祝史。去者不存,不存则离。天亢上而地沉下,匪特其中之离也,抑无以安其位矣。

大哉!圣人之用易也。择其精,因其中,合其妙,分以剂之,会以通之,人存而天地存,性存而位存,析乎其有条也,融乎其相得也,斯则以为"存存"也。玄者之窃易曰:"存存者,长生久视之枢也。"释者之窃易曰:"存存者,不生不灭之真也。"夫百圣人存之而如一圣人,一圣人存之而正万愚不肖,要以设人位而贞天地之生。彼之固命以自私,灭性以远害者,其得窃文句之似以文其邪哉?

系辞上传第八章

大过之初,阴小处下,履乎无位,其所承者,大之积刚而过者也。以初视大,亢乎其相距矣。以大视初,眇乎其尤微矣。以其眇者视其亢者,人之于天,量之不相及也。阳虽亢而终以初为栋,阴虽眇而终成巽以入,人之事天,理之可相及者也。若此者,其象也。圣人因以制事天之典礼,斟酌以立极,则非拟议不为功。易曰:"借用白茅,无咎。"非拟议之余,因象以制动,亦恶足以知其慎哉?

是故圣人之事天也,不欲其离之,弗与相及,则取诸理也;不欲其合之,骤与相及,则取诸量也。荐之为明德,制之为郊禋,不欲其简,以亲大始也;不欲其黩,以严一本也;则取诸慎也。

日至以月之，上辛以日之，骍白以腆之，三月以涤之，升歌以和之，天尊而人事事之，以登人而不离于天；陶匏以将之，三燗以献之，茧栗以进之，玄酒以求之，大裘以临之，天迩而神事事之，以远天而不亵于人。不敢亵者量，不忍离者理。通理以敦始，故方泽不敢亢于圜丘；称理以一本，故上帝不可齐于宗庙。传曰"绝地天通"，"错诸地"之谓也，虽有几筵重席，不敢登矣。诗曰"上帝临女"，"借之用茅"之谓也，视诸扫地无坛，则已加矣。扫地以质，借茅以文。要求诸质，进求诸文，求诸文而借之茅焉。虽然，亦止于此而已矣。不逮此者则已简，过此者则已黩，岂慎也哉？

且夫人之生也，莫不资始于天。逮其方生而予以生，有恩勤之者而生气固焉，有君主之者而生理宁焉。则各有所本，而不敢忘其所递及，而骤亲于天。然而有昧始者忘天，则亦有二本者主天矣。忘天者禽，主天者狄。羔乌之恩，知有亲而不知有天；蹛林之会，知有天而不恤其亲。君子之异于禽也，岂徒以禋祀报始哉？巡守则类焉，民籍则献焉，钦承以通之，昭临女之毋贰也，故曰"乾称父，坤称母"。若其异于狄也，则用重而物则薄也，天子之外未有干焉者。等人而专于天子，而抑又用之以薄，非能侈然骤跻于帝之左右矣。狄之自署曰"天所置单于"，黩天不疑，既已妄矣。而又有进焉者，如近世洋夷利玛窦之称"天主"，敢于亵鬼倍亲而不恤也，虽以技巧文之，归于狄而已矣。

呜乎！郊祀之典礼至矣哉！不敢昧之以远于禽，不敢主之以远于狄。合之以理，差之以量。圣人之学易，于斯验矣。

德业以为地，不敢亢人以混于杳冥；知礼以为茅，不敢绝天以安于卑陋。故曰："惟仁人为能飨帝。""知其说者之于天下，其如示诸掌乎！"慎之至而已矣。

大过之初六，克肖之矣。柔而安下，不敢或黩；成巽顺入，不敢或简。故曰"齐乎巽"。齐也者齐也，_{侧皆切。}袚一其德以即于慎，岂有咎与！而不见(乎)〔夫〕上六乎？跻而升积阳之上以致其说，无礼而黩，有巫道焉，则地天通而阴阳乱，"灭顶"之凶，亦可为不慎者之戒矣。

系辞上传第九章

太极之在两间，无初无终而不可间也，无彼无此而不可破也，自大至细而象皆其象，自一至万而数皆其数，故空不流而实不窒，灵不私而顽不遗，亦静不先而动不后矣。夫惟从无至有者，先静后动而静非其静；从有益有，则无有先后而动要以先。若夫以数测者，人由既有以后测之而见者也。象可以测数，数亦可以测象。象视其已然，静之属；数乘其自有，动之属；故数亦可以测象焉。要此太极者混沦皆备，不可析也，不可聚也。以其成天下之聚，不可析也；以其入天下之析，不可聚也。虽然，人之所以为功于道者，则断因其已然，而益测之以尽其无穷；而神而明之，分而剂之，衰而益之，则惟圣人为能显而神之。

其测以数者奈何？太极之一〇也，所以冒天下之数也，而恶乎测之？测之者因其所生。动者必先，静者必随，故一先二,二随一,相先相随、以臻于十。和者非有益于倡者,则无所事于和矣。一而二,二而三,三而四,由是而之于十,皆加一者,相对之数也。阴欲值阳而与之对,必虚阳之所值而实其两端,以辟户而受施,不然则相距而龃龉,故一不可对三,二不可对四。一对三则中央相距,二对四则两端相距也。二一而二,二二而四,由是而二五而十,皆倍加者,阴承阳一,因其增益之性以为习,使可辟而有容也。一而三,三而五,由是而之九,皆增二者,阳感阴化,因其所辟而往充其虚也。从一合六以得七,由是而从五合十以得十有五者,因生数之终,加其所进以为成,成不能成,功因乎生也。生数止五,成数尽十者,从太极测之而固有之也,太极○之实有也。

动者横以亘,无不至也,故为径;静者张以受,无不持也,故为交;动流而不滞,故为圆;静止而必齐,故为方;外齐者其中径也,故为弦。于径测之,亘━而一矣;于交测之,乄而二于所径矣;于圆测之,○流动中规,而三于所径矣;于方测之,囗四距中矩,而四于所径矣;于弦测之,上弦◗二有半,下弦◠二有半,合以计之,而五于所径矣。五则中实,中实则可为主于外,而地效其充以相成。生始于阳而终于阳,成始于阴而终于阴。性情之起,功效之登,一也。

于方测阴而得四,阴体定矣。以其交者而自实,以方函交,⊠而六于所径矣。交、方皆阴也,阴数纯备而为老阴。阳函阴,动有静,以圆纳方,◉而七于所径矣。阳外成,则体阳而为少阳。天包地外,而亦行乎地中。天行地中,施其亘化,以方纳圆,径一充之,⊡而八于所径矣。阴外成,则体阴而为少阴。

天固包地,尽地之用,地道无成,竭其功化以奉天,以圆纳方,方有其交,⊠而九于所径矣。浑天之体,于斯而著,故为老阳。"阳知大始,阴作成物",物数之成,于阴而讫,合径一、交二、圆三、方四,⊠而十于所径矣。至于十,而所以测太极之术尽矣。无以测之,而天地之数一终矣。

若夫有径━而无竖▌者,天地之际甚密,不可以上下测。测之以竖者,太玄、元包、潜虚之所以成乎其妄也。太极之有十,浑成者也,非积而聚之、剖而析之也,而何所容测焉?

乃数因于有象,象则可测矣,可测则可积矣。故积之以二十有五,积之以三十,而天地之数纪焉。积之者,天地以为功而无穷,圣人既于其象而灼知之。虽然,固然之积引于无穷者,尤存乎分剂而衰益之,则易兴焉。

天地之数五十有五,大衍之数五十。其差五者,以积计之,裁地之有余,同天之不足。健行者速而得廉,顺承者迟而得奢,亦勉地而使配天行也。且静者无由以得数,因动而随,则虚中而重其两端,数斯立矣。两端建而中皆虚一,所增者仅与天及,外密而反以中疏,是五位皆缺其一,而数亦二十有五矣。

以乘计之,北南东西者,阴阳老少之位,中无定位,以应四维。阴不适主,阳之珠聚者,⅏与太极同而无所歉,故以天乘地而为五十。天乘地而非地承天者,一可以生十,二必不可以成九,数之固然也。裁而成之,称量而乘之,而大衍之数登焉。

大衍五十而一不用,一者天之始数也,亦地之始数也。一一而二,二固始于一也。由是而十,由十而五十,皆以一为始。

太极之有数生于动，*易*之变化亦动也。动君动，则一可不用，以君四十有九。故自此而七八九六，合符而不爽，岂非其固然者哉？

不用之一，以君动而不以君静，故大衍之数，常者五十，而乘乎变者四十有九。一因动以为君，未动则合五十而为一。合而为一者，太极混沦周遍之体，而非动而倚数，于五十之中立一以为一矣。立一以为一，而谓之太极，韩康伯之臆说也。立一于数外，与四十有九参立，乃自外来而为之君，此老氏之所谓一也。易固不曰"挂一以象太极"，太极不可与阴阳析处而并列也。由是而变矣，则数以测象矣。自挂一象三以后，及于万一千五百二十之象万物，皆有成则之可法；分而为两，无成(则)〔数〕而托于无心者〔一〕，神之所为无心而成化也。有成则者，范围天地之成化，所以显道；无成数者，上迓太极之无心，所以神德行也。道显于有则，故恒而可由；德神而无心，故与时偕行。故曰："神无方而*易*无体。"非然，则吉凶仰成于必至，谁与为"震无咎"之功，谁与为"忧悔吝"之几也哉？以天治人而知者不忧，以人造天而仁者能爱，而后为功于天地之事毕矣。

乃若四营、十八变之数有则者，亦与无心者相间，而后道无不显而德无不神。象两象三，四时闰期，万物之数，象各有当，其有则焉固矣。

――――――――――

〔一〕"数"原作"则"，据本卷系辞上传第四章"分而为二，用其偶然而非有多寡之成数也"及下文"无成数者，上迓太极之无心"改。

其揲四之数,六揲而二十四,七揲而二十八,八揲而三十二,九揲而三十六,六七八九,河图之成数,水火木金之化也。归奇之十三、十七、二十一、二十五,三四五六以乘四而加一,其一为余,余者奇之归,皆挂一不用,以为一爻之君也。初变之余皆五九,再变、三变之余皆四八者,因其盈而多余之,因其虚而少余之,自然之樽节而不滥也。三变之数,中分无心,其所变者初揲一、二揲二、三揲三、四不足于揲,自五以至四十四,凡百九十六变,奇九十,偶百有六。三变之偶多于奇者十六,积十八变而多于奇者九十六。偶多而奇少者,称其固有之数,阳少而阴多也。而筮者之所得,未尝见偶多于奇,周流于六十四,各足于百九十二,阴虽多而无心之化必平也。

大衍之数,六积而三百;天地之数,六积而三百三十。裁地以相天,则诎其三十而为衍;相天以冒地,则伸其三十而为期。故乾坤之策三百六十,天行之度,不息之健,虽少而恒速,亦固有之也。

四十有九,六积而二百九十有四,六十四积而万八千八百十六。老阳之余七十八,少阳之余百二十六,少阴之余百有二,老阴之余百五十,乾坤之余二百二十八,二篇之余七千三百八十。其不逮四十有九之策万一千六百有四,较之二篇之策不相值者七十有四。凡此,皆无心而不期于肖也。铢铢而期之,节节而肖之,是阴阳无往来,而吉凶无险阻矣。揲者有则,天地之成理;余者无心,天地之化机。以化归余,而不以余归揲。君子贞其常以听变,非望之福不以宠,非望之祸不以惊,优游于变化之至,固不取截然均析以为体,如邵子之四块八段,以归于无余也。

呜乎! 道之大也,神之无方也,太极之动,奇━偶╍而已。非可与神者,其孰能与于斯! 然而圣人终尽之于乾坤,则奇━偶╍者,万变之取为实而随化皆始者也。圣人约之于仁知,贤者充之以知能,"可与酬酢,可与佑神",此物此志也夫!

系辞上传第十章

天下非特有深也,累浅而积之,则深矣。天下非特有几也,析大而详之,则几矣。舍浅而浚之,略大而察之,谓有深且几者立于天下之外,捷取焉而以制天下,岂不誖哉! 然则天下非特有神也,行乎浅而已深,图乎大而已几,有所以至而人莫测其即此而至,斯天下之至神者矣。是故至深者天下也,至几者天下也。莫深于天下之志,莫几于天下之务也,故足以相因而底于成与通也。

奚以明其然也? 天下之志亦浅矣,而求其通,则深也。天下之务亦大矣,而溯所成,则几也。中人以上极于圣,中人以下极于顽,或敝屣天下,或操刃锱铢,或愿尽闺堂,或图度荒裔,其不相通也而欲通之,则杳乎其未易测矣。一事之本末,变之不胜其繁;一代之成毁,开之不俟其巨;质文之尚,达乎幽明;喜怒之情,动乎海岳;俟之后王而万祀,逮之编氓而九州;其不易成也而欲成之,则纤乎其无所遗矣。夫未易测者以为通,无所遗者以为成,圣人之于天下,鼎鼎焉,营营焉,爱而存之,敬而尽之,存其志,尽其务,其不敢不忍于天下者,以是为极深而研几也。

是故不曰"我高以明而天下之志不足知,我静以虚而天下之务不足为"。极天下之固有,攘君谇母,皆志之所必悉;极天下之大有,酒浆瓜枣,皆务之所必勤。固有者象也,大有者变也。小大有象,往来有变。无小无大,无往无来,一阴一阳之间,有其至赜而极详者。岂以增志之所本无,而强务以所不必也哉?

是故金夫之女,负乘之子,不食之飞,得敌之鼓,志无穷而象与之无穷;濡之衣袽,系之苞桑,前禽之失,得妾之子,务靡尽而变与之靡尽。未易测者,小大之生生不可测也。无所遗者,往来之亹亹不可遗也。若此者,藏天下于爻,府天下于卦,贞天下于乾易坤简,以其易简,推之近远,抵之幽深,会其参伍,通其错综,然后深可极而几可研。要岂立易简于事外,以忍于不知,而敢于不为也哉?

是故志下通于愚贱,而顽谗可格;务积成于典礼,而天鬼不违。诗曰"求民之莫",极深之谓也;书曰"所其无逸",研几之谓也。夫乃以大通而集成矣。

彼何晏、夏侯玄之流,麦菽不知,萧墙不戒,遁即荒薄,而窃其目以相题,戕其身而祸人家国,盖有由矣。春秋之纪事也,篡君召王,无不志也;蜮蜚鹳石,无不详也。采物之覆亡,阴阳之愆状,与易为表里。故曰:易言其理,春秋见诸行事。"守经事而知宜",以极深也;"遭变事而知权",以研几也;而固已早合于神矣。太子弘废商臣之篇,王安石恣"烂报"之诬,宜其与何晏、夏侯之徒异车而同偾也。

系辞上传第十一章

是故性情相需者也,始终相成者也,体用相函者也。性以发情,情以充性,始以肇终,终以集始,体以致用,用以备体。阳动而喜,阴动而怒,故曰性以发情;喜以奖善,怒以止恶,故曰情以充性;三时有待,春开必先,故曰始以肇终;四序所登,春功乃备,故曰终以集始;无车何乘?无器何贮?故曰体以致用;不贮非器,不乘非车,故曰用以备体。六者异撰而同有,同有而无不至。至则极,无不至则太极矣。

"易有太极",固有之也,同有之也。太极生两仪,两仪生四象,四象生八卦,固有之则生,同有之则俱生矣。故曰"是生"。"是生"者,立于此而生,非待推于彼而生之,则明魄同轮而源流一水也。

是故乾纯阳而非无阴,乾有太极也;坤纯阴而非无阳,坤有太极也。剥不阳孤,夬不阴虚,姤不阴弱,复不阳寡,无所变而无太极也。卦成于八,往来于六十四,动于三百八十四,之于四千九十六,而皆有太极。策备于五十,用于四十九,揲于七八九六,变于十有八,各尽于百九十六,而皆有太极。故曰"易有太极",不谓"太极有易"也。惟易有太极,故太极有易。

所自生者肇生,所已生者成所生。无子之叟,不名为父也。性情以动静异几,始终以循环异时,体用以德业异迹,浑沦皆备,不漏不劳,固合两仪、四象、八卦而为太极。其非别有一太极,以为仪、象、卦、爻之父,明矣。

故太极之于河图,未有象也,于易未有数也,于筮未有策也,于卦未有占也。象皆其象,数皆其数,策皆其策,占皆其占。有于易以有易,莫得而先后之。

故吉凶日流于物,大业日兴于事,知礼日行于两间,道义日存于人心。性善而情善,情善而才善;反身而诚,不远而复。天下之道冒,而圣人之藏亦密矣。冒者于彼于此而无不被,密者于彼于此而无或疏也。是太极有于易以有易,易一太极也,又安得层累而上求之?

乾凿度曰"有太易,有太初,有太始,有太素",危构四级于无形之先。哀哉!其日习于太极而不察也!故曰:"阖户之谓乾,辟户之谓坤。"有户,则必有材以为户者,则必有地以置户者。阖,则必有阖之者;辟,则必有辟之者。为之置之,阖之辟之,彼遂以为是太极也,且以为太易、太初、太始、太素也。夫为之置之,必有材矣,大匠不能搏空以造枢椳;阖之辟之,必有情矣,抱关不能无司以为启闭。材则其阴阳也,情则其往来也。使阴阳未有之先而有太极,是材不凤庀,而情无适主;使仪象既有之后,遂非太极,是材穷于一用,而情尽于一往矣;又何以云"乾坤毁则无以见易"也乎?

故不知其固有,则绌有以崇无;不知其同有,则奖无以治有。无不可崇,有不待治。故曰"太极有于易以有易",不相为离之谓也。彼太易、太初、太始、太素之纷纭者,虚为之名而亡实,亦何为者邪?彼且曰:"有有者,有无者,有未始有夫有无者。"或且曰:"七识以为种子,八识以为含藏,一念缘起无生。"呜乎!毁乾坤以蔑易者,必此言夫!

系辞上传第十二章

一

夫缊者，其所著。直略切也。著者，其所归也。归者，其所充也。充者，其所调也。是故无以为之缊，既郛立而不实，亦瓦合而不浃矣；既绝党而相叛，亦杂类以相越矣。而不见天地之间乎？则岂有坚郛外峙，而厖杂内塞者乎？

今夫阳以成男，阴以成女，其以达情，即以达性也。饮以养阳，食以养阴，其以辅形，即以充神也。然而牝牡异质，姬姜异宗，水土异产，甘咸异味。夫妇之合，非巧媒所能（合）〔介〕也。荣卫之分，非良庖所能齐也。于此于彼而各有宜，于此于彼而互有成，宜以不乱，成以不过，则谁为为之而有非其著焉者也？

以为即器而保器，器无情者也，而恶乎保之？以为离器而用器，则器贱矣，贱者惟贵者之所使，则胡不惟其情之所便以相昵，惟其形之所可受以相取，而又恶乎相调而各有司邪？且盈天地之间，则皆有归矣。有其表者，有其里者，则有其著者。著者之于表里，使其二而可以一用，非既已二而三之也。盈天地之间，何非其著者之充哉？

天位乎上，地位乎下，上下之际，密迩而无毫发之间，则又恶所容其著者？而又非也。天下济而行，地上承而合。下行之极于重渊，而天恒入以施。上合之极于层霄，而地恒蒸以应。此必有情焉而必有性焉，必有以辅形而有以充神焉。故乾曰"时乘六龙以御天"，乾者所以御天而下济也；坤曰"牝马地类，行地无疆"，坤者所以行地而上承也。盈天地之间皆器矣。器有其表者，有其里者。成表里之各用，以合用而底于成，则天德之乾，地德之坤，非其缊焉者乎？

是故调之而流动以不滞，充之而凝实而不馁，而后器不死而道不虚生。器不死，则凡器皆虚也；道不虚生，则凡道皆实也。岂得有坚郛峙之以使中屡空也？岂得有庞杂窒之而表里不亲邪？故合二以一者，既分一为二之所固有矣。是故乾坤与易相为保合而不可破。破而毁，毁而息矣。极乎变通，而所缊者常与周旋而不离，而易备。

故夫天下之赜，天下之动，事业之广，物宜之繁，典礼之别，分为阴，分为阳，表里相待，而二二异致，而一存乎其人，存乎德行。德行者所以一之也。在天地为乾坤，在人为德行。乾坤固以其德行充两间而调之，而后器不死而道不虚生。

由此思之，七八九六之数，上生下生之变，吉凶悔吝之辞，以实道而虚器，大哉充满，流通于天地之间，岂不一诚而无妄哉？若夫县道于器外以用器，是缊与表里异体；设器而以道鼓动于中，是表里真而缊者妄矣。先天之说，橐籥之喻，其于易之存人以要天地之归者，又恶足以知之！

二

"谓之"者，从其谓而立之名也。"上下"者，初无定界，从乎所拟议而施之谓也。然则上下无殊畛，而道器无易体，明矣。天下惟器而已矣。道者器之道，器者不可谓之道之器也。

无其道则无其器，人类能言之。虽然，苟有其器矣，岂患无道哉？君子之所不知，而圣人知之；圣人之所不能，而匹夫匹妇能之。人或昧于其道者，其器不成，不成非无器也。

无其器则无其道，人鲜能言之，而固其诚然者也。洪荒无揖让之道，唐、虞无吊伐之道，汉、唐无今日之道，则今日无他年之道者多矣。未有弓矢而无射道，未有车马而无御道，未有牢醴璧币、钟磬管弦而无礼乐之道。则未有子而无父道，未有弟而无兄道，道之可有而且无者多矣。故无其器则无其道，诚然之言也，而人特未之察耳。

故古之圣人，能治器而不能治道。治器者则谓之道，道得则谓之德，器成则谓之行，器用之广则谓之变通，器效之著则谓之事业。

故易有象，象者像器者也；卦有爻，爻者效器者也；爻有辞，辞者辨器者也。故圣人者，善治器而已矣。自其治而言之，而上之名立焉。上之名立，而下之名亦立焉。上下皆名也，非有涯量之可别者也。

形而上者，非无形之谓。既有形矣！有形而后有形而上。无形之上，亘古今，通万变，穷天穷地，穷人穷物，皆所未有者也。故曰："惟圣人然后可以践形。"践其下，非践其上也。

故聪明者耳目也，睿知者心思也，仁者人也，义者事也，中和者礼乐也，大公至正者刑赏也，利用者水火金木也，厚生者谷蓏丝麻也，正德者君臣父子也。如其舍此而求诸未有器之先，亘古今，通万变，穷天穷地，穷人穷物，而不能为之名，而况得有其实乎？

老氏瞀于此，而曰道在虚，虚亦器之虚也。释氏瞀于此，而曰道在寂，寂亦器之寂也。淫词（輠炙）〔炙輠〕，而不能离乎器，然且标离器之名以自神，将谁欺乎？

器而后有形，形而后有上。无形无下，人所言也。无形无上，显然易见之理，而邪说者淫曼以衍之而不知惭，则君子之所深鉴其愚而恶其妄也。

故"作者之谓圣"，作器也；"述者之谓明"，述器也。"神而明之，存乎其人"，神明其器也。识其品（别）〔式〕，辨其条理，善其用，定其体，则默而成之，不言而信，〔皆有〕成器〔之〕在心而据之为德也。

呜乎！君子之道，尽夫器而已矣。辞，所以显器而鼓天下之动，使勉于治器也。王弼曰："筌非鱼，蹄非兔。"愚哉，其言之乎！筌、蹄一器也，鱼、兔一器也，两器不相为通，故可以相致，而可以相合。形而上者谓之道，形而下者谓之器，统之乎一形，非以相致，而何容相舍乎？"得言忘象，得意忘言"，以辨虞翻之固陋则可矣，而于道则愈远矣。

周易外传卷六

系辞下传第一章〔章句依朱子本义〕

一

为治水之术者曰"陻其所自溢",是伯鲧之术,而白圭袭之者也。则为安身利用之术者曰"杜吉凶悔吝之所从生",亦犹是而已矣。

天下固有此浑洞浩瀚之流行之地中,中国自足以胜之。惊其无涯而陻以侥幸,禁其必动,窒其方生,汩乱五行,而不祥莫大焉。知吉凶悔吝之生乎动也,则曰"不动不生,不生则不肇乎吉,不成乎凶,不贻可悔,不见其吝,而以逍遥乎苍莽,解脱乎火宅"。呜乎!无以胜之,而欲其不生,则将谓"稻麦生夫饥,丝麻生夫寒,君师生夫乱,父母生夫死",亦奚为而不可?其云"大盗生于圣人,无明生于知见",犹有忌而不敢昌言。充其所操,惟乾坤父母为古今之大害,而视之若仇雠。乃要其所挟,则亦避祸畏难之私,与禽兽均焉而已矣。

夫圣人亦既知之,曰"吉凶悔吝生乎动"者矣。而吉者吾道也,凶者吾义也,悔者吾行之几也,吝者吾止之时也。道不可疑,义不可避,几不可逆,时不可违,恒有所奉以胜之。故袗衣、鼓琴而居之自得,夏台、羑里而处之不忧。怨艾以牖其聪明,而神智日益;退抑以守其坚忍,而魄骨日强。统此者,贞而已矣。惟其贞也,是以无不胜也。无不胜,则无不一矣。

且夫欲禁天下之动,则亦恶从而禁之?天地所贞者可观,而明晦荣凋弗能禁也。日月所贞者可明,而阴霾晕珥弗能禁也。天下所可贞者君子之一,而得失忧虞弗能禁也。当其吉,不得不吉,而固非我荣;当其凶,不得不凶,而固非我辱。

如曰"无吉则无凶,无凶则无悔吝",则莫如舍君子而野人。野人之吉凶,不出乎井庐者也,则莫如舍野人而禽鱼。禽鱼无所吉,而凶亦不先觉也,则莫如舍禽鱼而块土。至于块土,而吉凶悔吝之端泯,终古而頦然自若也。乃天既不俾我为块土矣,有情则有动,且与禽鱼偕动焉;抑不俾我为禽鱼矣,有才则有动,且与野人偕动焉。抑彼自谓绌才去情,以偕乎野人,而抑以擅君子之实,思以易天下,有道则有动,必将与君子偕动焉。姑且曰"胡不如野人之贸贸,胡不如禽鱼之狋狋,胡不如块土之冥冥",以摇天下葸畏偷安者,而自命为道。

呜乎!勿忧其无冥冥之日也。死则亦与块土同归,动不生而吉凶悔吝之终离,则虚极静笃,亦长年永日而宴安矣。故其为道也,与禽为嬉,与鱼为泳,与土为委,与野人为偷,与死为灭,与鬼为幽。

乃其畏凶而惮悔吝也,畏死而已矣。畏凶者极于死,畏悔吝者畏其焦肺忧心以迫乎死。然而与死为徒焉。此无借之子逃桁杨而自雉经之智计,亦恶足比数于人类哉!

其为心也,非无所利于吉也。畏不得吉,无可奈何而宁勿吉也。夫君子则无所利于吉,而何畏乎非吉?故守贞而一之,而道乃无穷。其视天下,不可无吉也,无吉则道不行;不可无凶也,无凶则义不著;不可无悔也,无悔则仁不复;不可无吝也,无吝则志不恒。

故不知进退存亡,而龙德乃备;不惮玄黄之血,而天地以杂而成功。则天下日动而君子日生,天下日生而君子日动。动者,道之枢,德之牖也。易以之与天地均其观,与日月均其明,而君子以与易均其功业。故曰:"天地之大德曰生。"离乎死之不动之谓也。

彼异端者,导翁妪瓮粟之欲,守稚子衽席之逸,虽嵬琐曼延,而虑不出乎此;乃窃大易之言,曰:"'吉凶悔吝生乎动',吉一而凶三。天下皆羿之縠,不如窒其动以绝其源。"洄湍汪濊,亦何从而测其所归哉!

二

乐行而不释其焦劳,忧违而不改其欣适,贞夫一矣。则得失皆贞也,吉凶悔吝可以俱忘,而奚有于卜筮以审其疑邪?

夫天下之有所大疑者二,得之思保之,未得思致之,未失思存之,失而思安之:位也、财也。天下之得失尽于此而已矣。蔑君罔亲而图之者,奸人也。诎节斁廉以利之者,庸人也。图功取誉而终身以之者,当世之士也。如是,则圣人奖当世之士,而启庸愚奸宄以争疑信于不必得之中,则何贞之有哉?

曰：非然也。位者仁之藏，"何以守位曰仁"，"仁"字当如字。财者义之具也。故天下无吉凶，而吉凶于财位；君子无吉凶，而财位有吉凶。此所谓与百姓同其忧患者也。察原观化，浑万变而一之，浑涵于仁义之大有，则位恶得而不宝，财恶得而不聚乎？

且位恶从而设于伦类，财恶从而流行于事物哉？愚者见位，知其贵而已也，而骄肆以丧其仁；愚者见财，矜其富而已也，而鄙吝以堕其义。故位非其位，而财非其财。若夫位则有所自设矣，若夫财则有所自殖矣。

天地之大德者生也，珍其德之生者人也。胥为生也，举蚑行喙息、高骞深泳之生汇而统之于人，人者天地之所以治万物也；举川涵石韫、旉荣落实之生质而统之于人，人者天地之所以用万物也。胥为人矣，举强武智文、效功立能之生理而统之以位，位者天地之所以治人也；举赋质修事、劝能警惰之生机而统之以财，财者天地之所以用人也。

不得其治，则叛散孤畸，而生气不翕，天地于此有不忍焉。不任以用，则委弃腐萎，而生道不登，天地于此有不倦焉。故翕天下以位而人统乎人，人乃以统乎物；登天下以财而人用乎人，人乃用乎物。故天地于其所生，无所恝置于已生之余。莫之喻而喻，使之自相贵而位以定；莫之劝而劝，使之交相需而财以庸。然则位者，天地不忍不治之仁，因以秩之；财者，天地不倦于用之义，因以给之。

圣人钦承于天，而于天步之去留，天物之登耗，(单)〔殚〕心于得失之林〔一〕弗容已矣。其得也，吉也；其失也，凶也；其悔也，欲其得也；其吝也，戒其失也。请命于天，与谋于鬼，大公于百姓，兴神物以使明于消息存亡之数，尚德而非以奖竞，崇功而非以导贪，而天地之德，亦待圣人而终显其功。

呜乎！彼骄语贫贱，何为也哉？"金夫不有躬"，非其财也。"负乘致寇至"，非其位也。"君子于行，三日不食"，以安位也。"困于赤绂，乃徐有说"，以节财也。非然者，贫其身以贫万物，巽于床而丧资斧；贱其身以贱天下，折其足以覆公𫗧。于陵仲子以馁成其不义，延陵季子以让成其不仁，君子将厚责之，况乎创越人熏穴之言，拾食蛤遨游之说，桎梏宝命，尘垢天物，以绝仁弃义，而刊天地之生者哉？

故圣人之于易也，据位财为得失，以得为吉，以失为凶，以命之不易、物之艰难为悔吝，与百姓同情，与天地同用，仁以昌，义以建，非褊心之子所可与其深也。故洪范以福极为向威，春秋以失地亡国为大恶，诚重之也，非徒与陶、猗争区区之廉，莽、操争硁硁之节也。

系辞下传第二章

"法象莫大乎乾坤。"法皆其法，象皆其象，故曰"大"也。资始资生而万物之数皆备，易知简能而天下之理皆得，是尽天下之象而无以当之。故佃渔耒耜以给养，交易以利用，弧矢门

〔一〕"殚"原作"单"，据文义改。本卷系辞下传第二章"古之圣人，思有以治天下，其心殚矣"，可以参证。

枘以御害,舟楫服乘以致远,宫室棺椁以卫生而送死,书契以纪事而载道,民用之所以浃,王道之所以备,而皆不足以当乾坤。

衣裳之垂,其为生人之用,亦与数者均尔。且其始于毛革,继以丝枲,冬以温,夏以清,别嫌疑,厚廉耻,犹其切焉者也。若夫上衣下裳,施以绣,间以绘,采以五,章以十二,配以六冕,缀以韨佩,应乎规矩,中乎准绳,炎非以适,寒非以温,为之也劳,服之也若赘。乃圣人独取乾坤之法象以当之,而以天下之治系之。呜乎! 孰有知其为天地之大经,人禽之大别,治乱之大辨,以建人极而不可毁者乎?

夫法象之于天地,亦非有其功德之切,与于人物者也。县日月星辰于上,而人有不可法之知;奠海岳丘原于下,而人有不可效之能。始有所以始,而可观者非能为美利;生有所以生,而昭著者非能为变蕃。然而文之所著,变之所自察;理之所显,化之所自宜;无功之功,启群伦之觉;无用之用,安万汇之宜;天地不事以其德业詹詹与万物寡过,而治莫尚焉矣。故水、火、雷、风,不能越其广大;六子、五十六变,不能乱其崇卑。

大哉法象乎! 而生人之事,圣人所以继天而致治者,孰足以当此乎? 天位尊,地位卑,上下定矣;天成象,地成形,文章著矣。上下定,故万物戢然而不敢干;文章著,故万物䜣然而乐听其命。戢然而不敢干,䜣然而乐听其命,则天地可得而治万物,人可得而治物,君子可得而治野人。而非此者,则乱。

古之圣人,思有以治天下,而其心殚矣。久而乃得之于法象焉。人之所可受吾治者,惟其敬爱而已矣。怵然不敢干之心生,则敬兴;䜣然乐听其命之心生,则爱(生)〔兴〕。触目而天地之法象在焉,莫或不敬也,莫或不爱也。人成位乎中,而君子者野人之耳目也。人成位乎中,则可以效法天地而无惭;君子为野人之耳目,则利用其敬爱法象之心,以作其敬爱而受治。

故衣裳之垂也,上下辨焉,物采昭焉,荣华盛焉。洁齐,以示无散乱也;宽博,以示无虔骜也。天地方圜之仪则,天产地产之精华,咸备焉;阴阳损益之数,律度规矩准绳自然之式,咸在焉;以示人极之全也。而天下悉观感以生其敬爱,于是而圣人者亦有其无功之功,以与天地相参。故惟衣裳可以配乾坤,而非他制器尚象所得而拟焉者也。

呜乎!衣裳之于人,大矣哉!可敬者义之府也,可爱者仁之缊也。是善恶之枢也,生杀之机也,治乱之司也,君子野人之辨也。而尤莫大乎人禽之别焉。鹢鸹负叶以覆露,水鹳畜磐以御寒,欧蛋文身以辟蛟,瀎貃重貂以履雪,食衣裳之利而去其文,无以自殊于羽毛之族而人道亡,则乾坤之法象亡矣。

黄帝以前,未之备也,及其有之而乾坤定。赵武灵以后,沦于替也,寖以乱之而乾坤伤。妲己男冠以亡殷,何晏女服以覆晋,宋齐邱羽衣而灾及其身,王旦披缁而辱逮于死。小变而流于妖,祸发于当年;大变而滥于禽,祸且移于运会矣。古之圣人,法象治之而有余;后之王者,干戈争之而不足。易曰:"易不可见,乾坤或几乎息矣。"是殆易毁而乾坤将息之日也与,悲夫!

系辞下传第三章

天下无象外之道。何也？有外，则相与为两，即甚亲，而亦如父之于子也。无外，则相与为一，虽有异名，而亦若耳目之于聪明也。父生子而各自有形，父死而子继；不曰道生象而各自为体，道逝而象留。然则象外无道。欲详道而略象，奚可哉？

今夫象：玄黄纯杂，因以得文；长短纵横，因以得度；坚脆动止，因以得质；大小同异，因以得情；日月星辰，因以得明；坟埴垆壤，因以得产；草木华实，因以得财；风雨散润，因以得节。其于耳启窍以得聪，目含珠以得明，其致一也。象不胜多，而一之于易。易聚象于奇偶，而散之于参伍错综之往来，相与开合，相与源流。开合有情，源流有理。故吉凶悔吝，舍象而无所徵。乾非六阳，无以为龙；坤非六阴，无以为马。中实外虚，颐无以养；足欹铉断，鼎无以烹。推此而言，天下有象，而圣人有易，故神物兴而民用前矣。

汉儒泥象，多取附会。流及于虞翻，而约象互体，半象变爻，曲以象物者，繁杂琐屈，不可胜纪。王弼反其道而概废之，曰："得象而忘言，得意而亡象。"乃传固曰："易者，象也。"然则汇象以成易，举易而皆象，象即易也。何居乎以为兔之蹄、鱼之筌也？

夫蹄非兔也，筌非鱼也。鱼、兔、筌、蹄，物异而象殊，故可执蹄筌以获鱼兔，亦可舍筌蹄而别有得鱼兔之理。畋渔之具夥矣。乃盈天下而皆象矣。诗之比兴，书之政事，春秋之名分，礼之仪，乐之律，莫非象也。而易统会其理。舍筌蹄而别有得鱼得兔之理，舍象而别有得易之涂邪？

若夫言以明象，相得以彰，以拟筌蹄，有相似者。而象所由得，言固未可忘已。鱼自游于水，兔自窟于山，筌不设而鱼非其鱼，蹄不设而兔非其兔。非其鱼兔，则道在天下而不即人心，于己为长物，而何以云"得象"、"得意"哉？故言未可忘，而奚况于象？况乎言所自出，因体因气，因动因心，因物因理，道抑因言而生。则言、象、意、道，固合而无畛，而奚以忘邪？

盖王弼者，老、庄之支子，而假易以文之者也。老之言曰："言者不知。"庄之言曰："言隐于荣华。"而释氏亦托之以为教外别传之旨。弃民彝，绝物理，胥此焉耳。

呜乎！圣人之示人显矣。因像求象，因象成易。成而为材，动而为效。故天下无非易而无非道，不待设此以掩彼。俱无所忘以皆备，斯为善言易者与！若彼泥象忘理以支离附会者，亦观象以正之而精意自显，亦何必忘之而始免于"小言破道"之咎乎？

系辞下传第四章

君用独以统群，民用众以从主。君制治而民从法，故莫要于立君以主民，而民但受治焉。

君子恒顺，小人恒逆，而卦之阴阳肖之。奇一也，偶二也。阳卦以一阳统二阴，以奇为君，以偶为民，是一君而二民也，故曰顺。阴卦以二阳归一阴,以偶为君,以奇为民,是二君而一民也,故曰逆。

　　试论之。道之流行于人也,始于合,中于分,终于合,以始终为同时同撰者也。始者生也,终者死也,中者今日是也。

　　君子以人事天,小人以鬼治人。以人事天者,统乎大始,理一而已。理气一也,性命一也。其继也,合于一善而无与为偶。故君子奉一以为本,原始以建中,万目从纲,有条不紊,分之秩之,两端审而功满天下。一念之诚,一心之健,推而准之于无穷,皆是物也。若其所终,则无事逆挽以求合。言满天下,行满天下,斯以为全归而已矣。故谨于知生而略于知死。

　　若夫小人之道,则亦有一之说矣,而必先之以二。君二者,因中以归终也。"载营魄"以始,"抱一"以终;"万法"以始,"归一"以终。从多致寡,从寡致无,以鬼统人,而返人于鬼。是故期于知死,而忽于知生。先后、制从之间,逆计而挽其末流,则志慑而气亦萎矣。

　　故圣人之与异端,均言一矣:彼曰"归一",此曰"一贯";彼曰"抱一",此曰"一致"。抱以归者所终也,处后而从治之绩也;贯以致者所始也,处先而制法之主也。故君子君一而小人民一。民一而未尝不一,小人乃无忌惮而以一傲君子矣。

　　是以异端必滥于鬼,而圣人必本于天。惟然,故习于小人之道以应吉凶之务者[一],亦君子恒顺而小人恒逆。君子之动,荣辱贵贱、安危生死之殊绝,喜怒忧乐、酭赏重罚之洊用,敦土

────────────

〔一〕"小人"二字上,疑脱"君子"二字。

以旁行,安身以定交,皆本一诚以先,而洋溢敷施,万变而无必然之信果。究其所归,尧、禹异治,姬、孔异教,天下见君子之大,而不见君子之一。君得所丽,民得所纪。亦犹深宫无亵见之天颜,而比屋有可书之闾党矣。

小人之动也,一荣一辱而志移,一喜一怒而情变;持两端以揣势,分两念以图全;一以为祸福而瞿然恐,一以为善恶而厌然畏。早作夜思,双行于义利而庶几其可合。机深巧售,终以自得,曰吉凶之变于前而终归于画一之算也。则小人亦利赖其一以安矣。先利而后义,先成败而后是非。要其所君,则中庸模棱为固藏之宗主,拥戴而高居者也。

呜乎!以一为君,德主天而行主义。以二为君,德尚鬼而行尚利。鬼、利者,阴之性也。一乱其统,疾入于小人之道而不复。巽之“频”,兑之“来”,离之“沱若”,且不自保,而况其变焉者乎?

系辞下传第五章

一

天地之间,流行不息,皆其生焉者也,故曰“天地之大德曰生”。自虚而实,来也;自实而虚,往也。来可见,往不可见。来实为今,往虚为古。来者生也,然而数来而不节者,将一往而难来。一嘘一吸,自然之势也,故往来相乘而迭用。相乘迭用,彼异端固曰“死此生彼”,而轮回之说兴焉。死此生彼者,一往一来之谓也。夫一往一来,而有同往同来者焉,有异往异来者焉,故一往一来而往来不一。化机之妙,大造之不可为心,岂彼异端之所得知哉?

尝论之。天地之大德,则既在生矣。阳以生而为气,阴以生而为形。有气无形,则游魂荡而无即;有形无气,则骴骼具而无灵。乃形气具而尚未足以生邪!形盛于气则壅而萎,气胜于形则浮而枵,为夭为尫为不慧,其去不生也无几。惟夫和以均之,主以持之,一阴一阳之道善其生而成其性,而生乃伸。则其于生也,亦不数数矣。

男女搆精而生,所以生者诚有自来。形气离叛而死,所以死者诚有自在。圣人之与异端,胥言此矣。乃欲知其所自来,请验之于所自往。气往而合于杳冥,犹炊热之上为湿也。形往而合于土壤,犹薪炭之委为尘也。所以生者何往乎? 形阴气阳,阴与阳合,则道得以均和而主持之。分而各就所都,则无所施和,而莫适为主。杳冥有则,土壤有实,则往固可以复来。然则归其往者,所以给其来也。顾既往之于且来,有同焉者,有异焉者。

其异者,非但人物之生死然也。今日之日月,非用昨日之明也;今岁之寒暑,非用昔岁之气也。明用昨日,则如镫如镜,而有息有昏;气用昨岁,则如汤中之热,沟浍之水,而渐衰渐泯。而非然也。是以知其富有者,惟其日新,斯日月贞明而寒暑恒盛也。阳实而翕,故昼明者必聚而为日;阴虚而辟,故夜明者必凝而为月。寒暑之发敛而无穷,亦犹是也。不用其故,方尽而生,莫之分剂而自不乱,非有同也。

其同者,来以天地之生,往以天地之化,生、化各乘其机而从其类,天地非能有心而分别之。故人物之生化也,谁与判然使一人之识亘古而为一人?(一物之命)谁与判然〔使一物之命〕亘古而为一物?且惟有质而有形者,可因其区宇,画以界限,使彼此亘古而不相杂。所以生者,虚明而善动,于彼于此,虽有类之可从,而无畛之可画,而何从执其识命以相报乎?夫气升如炊湿,一山之云,不必其还雨一山;形降如炭尘,一薪之粪,不必〔其〕还滋一木〔一〕。有形质者且然,奚况其虚明而善动者哉?则任运自然,而互听其化,非有异也。

是故天地之以德生人物也,必使之有养以益生,必使之有性以纪类。养资形气,而运之者非形气;性资善,而所成者丽于形气。运形者从阴而浊,运气者从阳而清。清浊互凝,以成既生以后之养性,浊为食色,清为仁义。其生也相运相资,其死也相离相返。离返于此,运资于彼。则既生以(为)后,还以起夫方生。往来交动于太虚之中。太虚者,本动者也。动以入动,不息不滞。其来也,因而合之;其往也,因往而听合〔二〕。其往也,养与性仍弛乎人,以待命于理数;其来也,理数绍命,而使之不穷。其往也,浑沦而时合;其来也,因器而分施。其往也,无形无(已)〔色〕,而流以不迁;其来也,有受有充,而因之皆备。抟造无心,势不能各保其(故)〔固〕然,亦无待其(故)

〔一〕"其"字,据上文"不必其还雨一山"例补。
〔二〕"其来也,因而合之;其往也,因往而听合",疑应作"其往也,因来而合之;其来也,因往而听合"。

〔固〕然而后可以生也。

清多者明,清少者愚;清君浊者圣,浊君清者顽。既(以)〔已〕弛人而待命矣〔一〕,听理数之分剂,而理数复以无心,则或一人之养性散而为数人,或数人之养性聚而为一人。已散已聚,而多少倍蓰因之以不齐。故尧之既崩不再生而为尧,桀之既亡不再生而为桀。借其再生,则代一尧而国一桀矣。

清聚者,积中人而贤,积贤而圣;清散者,分圣而数贤,分贤而数中人。浊散者,分顽而数中人,分中人而数贤;浊聚者,积贤而中人,积中人而顽。清本于阳,二十五而不足,故人极于圣,而不能无养。浊本于阴,三十而有余,故人极于顽,而不知有性。又极而下之,则狗马鹿豕、蚖蠋枭獍之类充矣。要其方往而方来之际,或聚或散,固不可以刻柎以问遗剑也。

使此一人焉,必死于此而生于彼,魂魄既分于升降,又各寻其合,而营营往来,交午于道,亦纷诡而必迷矣。故往之或来,来之必往,可信其自然,以为天地之大德。而往来之冲,聚散多寡之际,听乎理数之无心,则所谓"过此以往"者也。有心可(以)亿以(其)〔因〕心,无心无定以召亿。"未之或知",岂复有知此者哉?虽欲知之,而不能强无心者以听我,徒眩而忧。忧而召妄,固将悲其往而幸其不(老)〔来〕,则生老病死皆苦,将灭情绝识,居长策于无生矣,则又何贵乎知之邪?

不必知之,而圣人之利用以贞来而善往者,固有道矣。生化之理,一日月也,一寒暑也。今明非昨明,今岁非昔岁,固已

〔一〕"已"原作"以",据文义改。

异矣。而实而翕者,明必为日;虚而辟者,明必为月;温而生者,气必为暑;肃而杀者,气必为寒;相因以类,往来必贞。故人物之生,莫之壹而自如其恒。特其用也,阳数寡动,以喜来而大;阴数多静,以喜往而小。养与性均,以有生。养数多,下逮乎虫鸟;性数少,递杀于中人。多者不恤其往,寡者重予以来,圣人之所以必尽性而利天下之生也。

性之数既寡,而人抑不能存之,且亏替之。大宝在位,而聪明强力之足任,则为功于往来以节宣阴阳者,存乎其人矣。充性以节养,延于他日,延于他人,而要有余清。充养以替性,(则)延于他日,延于他人,而要有余浊。故<u>成周</u>之刑措百年,衰<u>晋</u>之<u>五胡</u>云扰,善恶之积,亦有往来,率数百年而一复。

然且圣人忧之者,化不可知而几甚危也。是故必尽性而利天下之生。自我尽之,生而存者,德存于我;自我尽之,化而往者,德归于天地。德归于天地,而清者既于我而扩充,则有所坤益,而无所吝留。他日之生,他人之生,或聚或散,常以扶清而抑浊,则公诸来世与群生,圣人因以赞天地之德;而不曰"死此而生彼",春播而秋获之,铢铢期报于往来之间也。

是故诗、书、礼、乐以敦其教,纲常秩叙以峻其防,功不预拟于将来,事必先崇于今日。为坤益之,勿吝留之,正昏姻以厚男女之别,谨飨食以制饮食之度,犹日无朒胐而月有盈虚也,犹寒暑相半而和胜于寒以助温也,则圣人与天地之相斟酌深矣。

且今日之来,圣人之所珍也;他日之往,圣人之所慎也。因其来而善其往,安其往所以善其来。物之来与己之来,则何择焉?是则屈于此而伸于彼,屈于一人而伸于万世,长延清纪,以利用无穷,此〔尺〕蠖之(屈)〔信〕而龙蛇之(伸)〔存〕,其机大矣。故生践形色而没存政教,则德遍民物而道崇天地。岂舍〔安〕身以(他)求入神之效也乎?惟然,故不区画于必来,而待效于报身也;抑不愁苦于必往,而苟遁于一来不来也。

然则天下之淫思而过虑者,何为也哉?释守性以为己真,老守命以为己宝,以同所异而异所同,立藩棘于荡平之宇,是亦共、欢朋党之私,屠酤固吝之情已耳。故曰:"君子和而不同。"与天下万世和也,而不怙必同于己也。

然则何以见其义于咸之九四也?艮,男之成也;兑,女之成也。三、四之爻,男女相感之际,人道之终始,往来之冲,而取诸身者为心。心感而思,感思以止,秉贞而尽道之常,不安养之悦以叛性,不专己而绝物,故曰:"圣人感人心而天下和平。"天下和平,则己之思虑释矣。若夫迷于"往来"之恒理,惑其"憧憧",而固守己私,以觊他生之善,谓死此生彼之不昧者,始未尝不劝进于无恶。而怙私崇利,离乎光大以即卑暗,导天下以迷,而不难叛其君亲。圣人有忧之,故于此三致戒焉。

呜乎!圣人之时,彼说未来也,而知人思虑之淫,必有疑于此者,故早为之剖析于千岁之上,可不谓"前知"者与!列御寇西方圣人之说,又何诬焉!虽然,圣人之于此,广矣,大矣,易道备矣,岂独为咸四言之与?

二

"归"者其所自来也,"致"者其所自往也。天下有所往非其所自来者乎？则是别有一壑，受万类之填委充积而消之，既归非其归，而来者抑数用而不给矣。由此言之，流动不息，要以敦本而亲用，恒以一而得万，不强万以为一也，明矣。

异端之言曰"万法归一"，一归何处？信万法之归一，则一之所归，舍万法其奚适哉？是可截然命之曰"一归万法"，弗能于一之上索光怪泡影以为之归。然而非也。万法一致，而非归一也。致顺归逆也。

夫彼之为此说也，亦有所测也。谓天下之动也必增，其静也必减；其生也日以增而成，其死也日以减而灭。千章之木，不给于一埵之灰；市朝之人，不给于原阜之冢。初古之生，今日而无影迹之可举。因而疑天下之始巨而终细也。独不曰前此之未有，今日之繁然而皆备乎？

且以为由一而得万，如窍风之吹于巨壑，或疑其散而不归；浸以万而归一，如石粟之注于蠡瓢，不忧其沓而难容邪？强而归之，必杀其末以使之小，是以轻载重，以杪承干，而化亦弱丧以不立矣。

且夫"同"而"一"者非其少也，"殊"而"百"者非其多也。天下之生，无不可与道为体。天下之理，无不可与道为本。成熟扩充，以臻于光大，随所入德而皆有。其大备而量有不齐，则难易差焉。故君子择其精粹以为之统，则仁首四端而孝先百行，其大凡也。立本者，亲始者也。序立而量能相给也。亦非有一之可执以臣妾乎万有，况得有一立于万有之余以吸万而为之藏哉？

天地之间大矣，其始终亦不息矣。盈然皆备而咸保其太和,则所谓"同归"而"一致"者矣。既非本大而末小,亦非本小而末大。故此往彼来,互相经纬而不碍。夫道,则必与天地相称也。彼之言曰"世界如腰鼓颡"矣,抑以道为两端小而中大,则是天地之两端有余,而道之中央无顿舍也,其亦不相揜以相称矣。

且其谓津液暖气之属归乎地水火风,亦既粗测夫即化之归,而要以致辨于知死。知死而不知生,是故地水火风之精粹,听往来以利天下之用,来归而为生者,顾略而不审。又恐其断灭而说不立也,则取乎既同既一之化,栉比而丝续之,曰"死此而生彼"。乃"殊涂""百虑"之不可齐者,横立此疆彼界于大同之中,思其无可思,虑其无可虑,乱始终之条理,而曰"芥子纳须弥"。"纳"者,不受而强致之也,亦未知芥子、须弥之同原而异理也。骛天下于往来而昧其生道,则其为害岂胜道哉!

子曰"天下同归而殊涂,一致而百虑",一本万殊之谓也。借曰"殊涂而同归,百虑而一致",则二本而无分矣。同而一者,所以来也;殊而百者,所以往也。过此以往,为殊为同,为一为百,不容知也。子曰"未之或知",岂复有知之者?而必推本以观其往来,岂强知之哉?亦以明其不可知者而已。殊涂百虑,不胜知矣。稍进而亲始,不胜知者,亦可以止思虑之滥,而作"憧憧"之防。书不尽言,言不尽圣人之意,莫与绎之,将谁纪以别于异端?

三

下生者其本立,积之再三者其本盛,故乾坤其蔑以加矣。未至乎乾坤者:艮,阴之盛也;兑,阳之盛也;泰,阴阳之盛也。阴盛于艮,乾道乃致一而成之;阳盛于兑,坤道乃致一而成之;阴阳盛于泰,损乃致一而成之。三致一阳于上,上乃下交而为友。未盛者,授之成而不能成,欲致之而未可致也。故曰:"天地纲缊,万物化醇。"时雨将至,炎气隆隆;宿霭欲消,寒清肃肃。炎之薄而密云无以成其膏泽,寒之浅而旭日无以成其涤清,天地且不能强致,而况于人乎?

三人行,则可损一人矣。三人损一以行,则友得矣。借其惟一人之踽踽,欲往合而定交,非徒其损极而无以自存,佻佻之子,物亦且疑之,而孰令听之乎? 故曰"介于石,不终日";匪介于石焉,终日而犹忧其速也。武王之所以养之于十三祀而耆定于一朝也。故曰"安其身而后动";其身不安焉,民不与而伤之者至矣。孔子之所以天下莫与而莫能伤也。故曰"成器而动","动而不括";器不成焉,弗能不括而遽释也。孟子之所以三见齐王而不言事也。

是故损之为德,俭人之所修;致之为功,惠人之所乐;友之为益,通人之所尚;而纲缊者,莫之能逮。夫纲缊者,而岂易言哉! 旁薄以充阳之能,欲怒以发而不为震之"虩虩",欲洊以至而不为坎之"不盈";凝固以厚阴之藏,欲利其入而不为巽之"纷若",欲丽其明而不为离之"突如";动静交贞以奠阴阳之所,欲往合其孚而不为恒之"浚"以"振"也。夫然后以之损而可损,巨桥之发,非李密敖仓之发也;以之致而可致,囧、毕之命,非襄王河阳之命也;以之友而可友,庸、蜀、羌、髳之合,非苏秦洹水之合也。

故威不厚者不可以恩,恩不笃者不可以威;知不彻者不可以行,行不慊者不可以知。周公七年而定宗礼,非叔孙绵蕝而创汉仪也;孔子五十而学大易,非扬雄泚笔而作太玄也。博学不教者内而不出;多闻而阙者,必慎其余。道溢于事,神充于形。神充于形,则不谓之耳目〔而〕谓之聪明;道溢于事,则不谓之功名而谓之学问。

故损其有余以致诸天下之不足,雷雨之屯犹惜其不满,火风之鼎犹虑其不足以安。然后行者其三人也,非罢罢而呼将伯也;致者可一人也,非连鸡而相观望也。故曰“乾道成男,坤道成女”,震巽坎离让其成以俟艮兑久矣。偕行者众,而投之于可迁之地,求之不深,给之不捷,天地且然,而况于人乎?

大哉,纲缊之为德乎!阳翕以固,景融所涵,极碧霄,达黄垆,而轮囷不舍。阴辟以演,滋膏所沁,极碧霄,达黄垆,而洋溢无余。不息者其惟诚也,不间者其惟仁也,不穷者其惟知也。

故君子以之为学,孳勤而不倦;以之为教,循循而不竭;以之为治,彻百姓之场圃筐篚而皆浃乎深宫之志;以之为功,体万方之壶浆歌舞而勿贰其旄钺之心;而后道侔于天而阳施于首出,德均于地而阴畅于黄裳,天下见其(志)〔致〕而乐其仁,天下见其损而服其义,天下见其一而感其诚。亦孰知损之而不匮,二阳仍定位于下。致之而不劳,三、上非用爻。自有其植本之盛乎?

“三”者,数之极也,天地人之合也;“行”者,动之效也,阴阳之和也;“损”者,有余之可损也;“致”者,致之所余而能受也;“得其友”者,交无所欿而后无所疑也。皆纲缊之所可给也。致其一焉,斯醇矣。故举天地之大德,万（化）〔物〕之生化〔一〕,而归之于损三,岂虚加之哉?

系辞下传第六章

道之见于数者,奇偶而已矣。奇一偶二,奇偶合而三,故八卦之画三,而数之分合具矣。

然此者,数之自然,未能以其德及乎天下也。推德以及天下,因其自然而复为之合。三亦奇也,偶其所奇而六,故六十四卦之画六,而天地之德合。合以成撰,撰备而体不缺,德乃流行焉。二其三,三其二,而奇偶之变具矣。

然此者,天地之德固然,人未有以与之也。迓天地之德,以人谋参之,因其固然而复为之合。六亦偶也,奇其所偶而十八,故四营之变十有八,则三极之往来尽矣,而奇偶之分合止矣,过此者皆统于此矣。

要而论之,奇偶合用以相乘,易与筮均是物也。筮者,人之迓天者也;三其六,以奇御偶,圆数也,圆而神者以通神明之德。易者,天地固然之撰也;二其三,以偶御奇,易简之数也,

---

〔一〕“物”原作“化”,据易系辞下“天地纲缊,万物化醇;男女构精,万物化生”改。

易以贡者以体阴阳之(物)〔撰〕〔一〕。故筮用十八,而易尽于六。六则德以合矣,体以全矣,无有缺焉,抑岂有能缺者哉?

夫阳奇阴偶,相积而六。阳合于阴,阴体乃成;阴合于阳,阳体乃成。有体乃有撰。阳亦六也,阴亦六也。阴阳各六,而见于撰者半,居为德者半。合德撰而阴阳之数十二,故易有十二;而位定于六者,撰可见,德不可见也。阴六阳六,阴阳十二,往来用半而不穷。其相杂者,极于既济、未济;其相胜者极于复、姤、夬、剥;而其俱见于撰以为至纯者,莫盛于乾坤。故曰:"乾坤,其易之门邪!"

乾之见于撰者六阳,居以为德者六阴;坤之见于撰者六阴,居以为德者六阳。道有其六阳,乾俱见以为撰,故可确然以其至健听天下之化;道有其六阴,坤俱见以为撰,故可隤然以其至顺听天下之变。尽见其纯,以〔待〕(受)变化之起〔二〕,则天下之相杂相胜者生矣。借非然而已杂已胜,天下亦且日以杂胜为忧,而务反之纯,安能复与之为相杂而为相胜乎?故门立,而开阖任乎用。牖无阴,开而不能阖;墙无阳,阖而不能开。德不备而撰不能以相通矣。

由此观之,阴阳各六,而数位必十有二,失半而无以成易。故因其撰求其通,窥其体备其德,而易可知已。于乾知六阴,于坤知六阳也,其杂胜也,能杂于六,而有能越于十二者哉?

〔一〕"撰"原作"物"。按:这句话是由易系辞下"阴阳合德而刚柔有体,以体天地之撰"脱化而来,"物"字是"撰"字之误。

〔二〕"待"字,据下文"既各备其六以待变化,故不必其均而杂胜起"及"乾坤各见其六以待变化之起"补。"受"字是"变"字的误衍,今删。

　　何以明其然也？易以称天地之量，而不能为之增减。增者外附而量不容，减者内馁而量不充。乾无六阴，阴从何来？而坤为增矣。坤无六阳，阳从何来？而乾为增矣。相胜者：夬、姤一阴，而五阴何往？复、剥一阳，而五阳何归？相杂者：阴阳之或少或多，已见者在，而未见者何亡？以为本无，则乾坤加于数外矣。以为本有，则余卦宿于象中矣。以为一有而一无，一多而一寡，则无本之藏，离合起灭于两间，亦妖眚之不数见，而疢疾之时去来矣。

　　夫由乾而知道之必有六阳也，由坤而知道之必有六阴也，乾坤必有而知数位之十二皆备，居者德而见者撰也，是故有往来而无死生。往者屈也，来者伸也，则有屈伸而无增减。屈者固有其屈以求伸，岂消灭而必无之谓哉？

　　阴阳各六以为体，十二相通以合德，而可见者六以为撰。既各备其六以待变化，故不必其均而杂胜起。要非可尽之于可见，而谓爻外无位，位外无数也。爻外有阴阳，杂者岂忧其越哉？由可以来，知其未来者之必有数以储俟；由可以往，知既往者之必有位以居停；由相胜相杂而不越于乾坤，知未见之数位与已见者而相均。爻外有阴阳，而六外有位，审矣。

　　然可见者，所撰者也。有撰者可体，故未有撰者可通。圣人依人以为则，准见以为道，故曰："过此以往，未之或知也。"未过此者可知以所见，形色之所以为天性，而道之所以不远人与！

　　今夫门有开阖，则近而比邻，远而胡越，皆可用吾往来也。今有人焉，行不自门，驰魄飞形而以往以来，为怪而已矣。故用而可见者以为之门,乾坤各见其六以待变化之起,则亦民行济而得失明矣。若其实有夫十二者,则固不可昧也。故学易者设十二位于向背之间,立十二数于隐见之异,以微显阐幽,则思过半矣。

系辞下传第七章

时有常变,数有吉凶。因常而常,因变而变,宅忧患者每以因时为道,曰"此易之与时盈虚而行权"者也。夫因常而常,气盈而放逸;因变而变,情虚而诡随;则常必召变,而变无以复常。今夫月之有盈虚也,明之时为生死,而魄自贞其常度也。借明死而遂失其十有三度之节,则终古虚而不足以盈矣,而何云"因变而变"邪?故圣人于常治变,于变有常,夫乃与时偕行,以待忧患。而其大用,则莫若以礼。

礼之兴也于中古,易之兴也亦于中古。易与礼相得以章,而因易以生礼。故周以礼立国,而道肇于易。韩宣子观易象与春秋,而曰"周礼尽在鲁矣",殆有以见其然也。

易全用而无择,礼慎用而有则。礼合天经地纬以备人事之吉凶,而于易则不敢泰然尽用之,于是而九卦之德著焉。易兼常变,礼惟贞常。易道大而无惭,礼数约而守正。故易极变而礼惟居常。

其以中古之天下已变矣,变不可与变,则莫若以常。是故谨于衣裳袪襘,慎于男女饮食而定其志,则取诸履;哀其多以为节,益其寡以为文,执平施之柄,则取诸谦;别嫌明微,克己

而辨于其细,则取诸复;失位而必应,涉于杂乱而酌情理以不
拂于人心,则取诸恒;柔以惩忿,刚以窒欲,三自反以待横逆,
则取诸损;因时制宜,如雷风之捷用而条理不穷,则取诸益;君
子为小人所揄,守礼自尽,不竞而辨,则取诸困;抈之于此,注
之于彼,施敬于人而不孤恃其洁清,则取诸井;情之难格,行之
以顺,理之以正,出之以让,权度情理,以入乎险阻,则取诸巽。

夫九卦者,圣人以之实其情,酌其理,束其筋骸以强固,通
其志气以聪明,岩岩乎其正也,折折乎其安也,若不知有忧患
之故,而卒以之涉忧患,而道莫尚焉。盖圣人反变以尽常,常
立而变不出其范围,岂必惊心耀魄于忧患之至,以与为波靡
也哉?

故得舆如剥,中行如夬,在苦而甘如节,有积而必散如涣,
乃至飞于天而如乾,行于地而如坤,非无以大治其变者而有所
不敢用,则以智勇加物而己未敦,道义匡物而情未协,固不如
礼之尽诸己而达于情,为能约阴阳之杂而使之整也。故晏子
曰:"惟礼可以已乱。"刘康公曰:"威仪所以定命。"安危之理,
生死之数,于此焉定矣。

夫礼,极情守经以用其盛,非与忧患谋,而若与忧患反。
故世俗之言曰:"救焚拯溺而用乡饮酒之礼。"诮其不相谋而相
反也。而非然也。苟乡饮酒之礼行焉,君子以叙,小人以睦,
闾井相亲,患难相恤,于以救焚拯溺也,固优为之,岂必求焦头
从井之功于饮博椎埋之攘臂者乎? 变者其时,常者其德。涉
其迹者疑其迂,体其实者知其大。而奈何曰"因变而变,而奚
礼为"也?

老子曰："礼者,忠信之薄而乱之首也。"因之以剖斗折衡,而驵侩乱于市;因之以甘食美居,而嗜欲乱于堂。诈伪方兴,而愚天下以乘其变,而天下亦起而愚之矣。文王因之,则无以事播恶之主;周公因之,则无以格淫酗之俗;孔子因之,则无以惧乱贼之党。故三圣人者,本易以治礼,本礼以作春秋,所谓以礼存心而不忧横逆之至者也。

且夫圣人之于礼,未尝不因变矣。数盈则忧患不生,乃盈则必溢而变在常之中。数虚则忧患斯起,乃虚可以受而常亦在变之中。故天地必有纪,阴阳必有序。数虽至变,无有天下地上、夏寒冬暑之日也。圣人敦其至常而不忧,则忠信无往而不存,斯以厚其藏而物咸受治,亦因乎理之有定者焉尔。

彼驰骋天下而丧其天则者:一为聃、周之徒,游万物而自匿,则以礼为薄;一为权谋之士,随万物而斗智,则以礼为迂。此李斯之所以亡秦,而王衍诸人之所以祸晋也。而末世之忧患不瘳矣。

系辞下传第八章 经文"其出入以度外内"句,"使知惧"句,详见稗疏。俗以"其出入以度"断句者不通。

今且设神物而不能自运也,登爻象于书而不能自诏也,立位于六而不能使数之即位也,该数于奇偶而不能使位之受数也,然则兴神物、合爻象、奠数于位、通位于数以用易者,岂非人哉? 故曰:"苟非其人,道不虚行。"

是故六位无常,刚柔相易,其变亦大矣。天地固有其至变,而存之于人以为常。尽天地之大变,要于所谋之一疑;因所谋之一疑,通天地之大变。变者非所谋,谋者不知所变。变在天地而常在人。

四营十八变之无心,人自循其常耳,非随疑以求称所谋而酌用其多寡也。执常以迎变,要变以知常。故天地有易而人用之,用之则丽于人,而无不即人心之忧。故曰:变在天地而常在人。

若夫世之言易者,居而不迁:居之以律,居之以气,居之以方,居之以时。则是易有常而人用之以变也。于变以得常,则人凝性正命,以定阴阳之则;取常以推变,则人因仍苟且,以幸吉凶之移。故彼言易者,有吉凶而无忧患,历忧患而不知其故。盖外内有定形,不从其出入以致吾度,数伸而理屈,罔于其故而莫知所惧,而何以云"洁静精微,易之教也"哉?

夫立法以制之从,师保之职也;从无造有以成其性命,父母之道也。父母无心以授之生,而必予以成;师保立法以导之从,而不保其往;故师保不足以配父母之大。易以无心之变为其生生,授人以变,而人得凝以为常,明其故以处忧患,而非但示以吉凶。则如所性之受于父母,而尽之在我,不仅趋其所趋,避其所避,规规然奉师保之诏以为从违,而冀以去祸而就福。故易者,正义明道之教,而非谋利计功之术也。神道以教,而用终在人。典常在率辞之后,而无有典要立于象数之先。然则邵子且未之逮也,而况京房、管辂之徒乎?

系辞下传第九章

夫彖者材也,爻者效也。效者,材之所效也。一木之生,枝茎叶花合而成体者,互相滋也;一车之成,辐毂衡轴分而效用者,功相倚也。其生也,不相滋则破而无体;其成也,不相倚则缺而废用。故爻倚彖以利用,抑滋于彖以生而成体。吉凶悔吝之效,未有离彖以别有指归者也。故曰:"观其彖辞,则思过半矣。"

有如曰:"易者意也,意者乘人心之偶动,而无定则者也。"无定则以求吉凶之故,抑将(率)〔索〕之位与应而止,比之初亦坤之初矣,履之五亦乾之五矣。位齐应均,而情殊道异,则位岂有定,而应岂有准哉?

夫筮以得象,则自初至上而积为本末。易之有卦,则六位皆备,而一成始终。积以相滋,而合之为体,是故彖静而爻动。动者动于所静,静者固存也。仅乘其感以据所处之位而为得失,感之者无本,据之者滞,将任天下之意知,诡天则以为善败,恶能原始要终,以为通变之质乎? 故君子以人合天,而不强天以从人。则奈何舍所效之材,以惟意是徇邪?

夫易,广矣,大矣。学易者,或有所择矣,然亦择材而非择效。择材则专,择效则固也。故颜子用复,曾子用泰,以择德也。文王、箕子同事暗主则皆用明夷,既济、未济共临坎险则胥伐鬼方,以择用也。择德者从其性之所近,择用者从其心之所安,咸必其材之具成,而后始成乎其章。故利用者,亦以静为主,而动于其静。故动亦大矣,非乘于一效之偶著,而舍所主以从之,为能应天下之赜也。盖静者所生,动者其生。生于所生,则效固因材而起矣。

乾惟利贞,是以上过贞而龙亢。坤惟先迷,是以初在迷而履霜。师利丈人,是以三稚而舆尸。履阳不疚,是以阴孤而虎咥。复期七日,是以上失期而君凶。剥戒攸往,是以五承宠而得利。遁小利贞,是以二能执革。壮宜大正,是以五必丧羊。夬无即戎之功,是以前趾〔而〕不胜。姤非取女之道,是以无鱼而起凶。萃亨于大人之见,是以三、上遇小而咨嗟。升志在南征之行,是以上六北辕而不富。兑道在贞而乖于苟说,故三凶于上。巽命必申而利于攸往,故四吉于初。

凡此数者,或象方致誉,而爻以凶;或象非有功,而爻无懼。然且即象以推,存亡具在;况其相因以起义,象爻道合,如无首之后夫,女贞之中馈者哉? 然则象外无爻,而效必因材也,不亦审与!

惟析象爻以殊物,则抑谓三圣之异宗。多歧既以亡羊,后来弥多标指,故且曰"有文王后天之易,有庖牺先天之易"。天且剖先后以异道,而况于圣人? 则羲、文自为门户,周、孔各为朋党,亦奚恤哉!

彼将曰:"易者意也,圣人各以其意遇之也。"圣人有其意,则后之为术数异端者,亦可有其意矣。私意行则小智登,小智登则小言起。故或以律为易,或以兵为易,或以节候为易,或以纳甲为易,或以星度为易,既偶测其偏,而纳全体于一偶;由是而王辅嗣以重玄为易,魏伯阳以炉火为易,李通玄以十玄六相为易,则滥淫于妄,而诬至道以邪辞,亦曰"意至则易存,意不禁则易无方"。故易讼于庭而道丧于室,非一晨一夕之故矣。

且夫象之效而为爻,犹爻之效而为变也。极四千九十六于三百八十四之中而无异占,极三百八十四于六十四卦之中而岂有殊旨哉?焦延寿尝屑屑以分矣,卒无别研之几,故但有吉凶而无忧患之故,则亦恶用此纷纷射覆者为也!

故君子之于易也博,用其简。细人之于易也锢,用其繁。用其简,则六十四象之中以备杂物撰德而不遗;用其繁,则极延寿之四千九十六占,以迄于邵子万万有奇之策,以测其始终本末而不能该。故曰:"观其象辞,则思过半矣。""易简而天下之理得。""日新""富有",岂他求之哉?

或曰:"元亨利贞,彖与文言殊矣,则文王、孔子非异意与?"曰:四德者,合体用而言之也。体一成,而用有先有后,有生有成。仁生礼,义成信,故"元亨"以元故亨,"利贞"贞而得利。二篇之辞,终无曰"元利"而"贞亨"者,体用相因之序也。文言四德之目,又岂邵子四块八方、瓜分瓦合之说邪?而又何疑焉!

系辞下传第十章

"悉备"者,大全统乎一端,而一端领乎大全也。易之六位,有天道焉,有地道焉,有人道焉,为易所备,而非奉以为典要也。

道一成而三才备,卦一成而六位备。六位备而卦成,三才备而道成。天地有与来,而人有与往。都往来之通,凝天地之交,存乎其中,人乃以肖道而主天地。凝而存之,成位乎中,故于德有中焉,于位有中焉。德有中,贞之以二为中也;位有中,悔之以五为中也。然德位有定矣,神而明之,通人于天地,非有定也。时在退,初、四俱为藏密之人事;时在进,三、上俱为尚往之人谋。故曰:三才之道,易所悉备,而非有典要之可奉也。

且夫天地之际,间不容发,人与万物,皆天地所沦肌浃髓以相涵者也。道所必动,生生者资二气以变蕃之。乃物之生也,因地而形,因天而象,赅存乎天地,不能自有其道而位亦虚。人之有道也,成性存存,凝继善以妙阴阳之会,故其与天地也,数有盈虚,而自成乎其道。有其道者有其位,无异本者无异居。故可别可同,而与天地相往来焉。喜德者阳之生,怒刑者阴之发。情以盛之,性以主之。于天地之外而有道,亦入天地之中而备其道,故人可乘六位以御天而行地。故天地之际甚密,而人道参焉。相容相受,而人终不自失。别而有其三,同而统乎人。易之所以悉备乎广大也。

今夫凡言位者,必有中焉,而易无中,三之上、四之下无位也;凡言中者,必一中焉,而易两中,贞之二、悔之五皆中也。无中者散以无纪,而易有纪;两中者歧而不纯,而易固纯。

何以明其然也?有中者奇,无中者偶,奇生偶成。聚而奇以生,散皆一也;分而偶以成,一皆散也。故曰:"喜怒哀乐之未发,谓之中。"未发者,四情合一,将盈天下皆一,无非中矣;

已发者,各形为理,将盈天下皆道,不见中矣。朴满一室,始终内外,浑成一中,而无有主辅之别,当位皆实,中不可得而建焉。故易立于偶,以显无中之妙,以著一实之理,而践其皆备者也。一中者不易,两中者易。变而不失其常之谓常,变而失其常,非常矣。故曰:"执中无权,犹执一也。"

中立于两,一无可执,于彼于此,道义之门。三年之哭无绝声,哀亦一中矣;燕射之终无算爵,乐亦一中矣。春补秋助而国不贫,恩亦一中矣;衅社挈戮而民不叛,威亦一中矣。父师奴,少师死,俱为仁人;伯夷饿,太公封,俱为大老。同其时而异其用,生死进退而各一中矣。则极致其一而皆中也。

其不然者,移哀之半,节乐之全,损恩之多,补威之少,置身于可生可死之中,应世以若进若退之道,乃华士所以逃讯;而见一无两,可其可而不可其不可,畸所重而忘其交重,则硁硁之小人所以自棘其心也。

一事之极致,一物之情状,固有两涂以合中,迹有异而功无殊。两中者,尽事物而贞其至变者也。故合体天地之撰而用其盈,则中之位不立;辨悉乾坤之德而各极其致,则中之位可并设而惟所择。故曰:三才之道,大全统乎一端,而一端领乎大全也。非达于天人之际者,无以喻其深矣。

若陋者之说易曰:"初为士,二为大夫,三卿,四公,五天子,上为宗庙。"或曰:"二为臣,五为君,上为师。"以人之位限天之理,以物之滞锢道之灵,技术之鄙,训诂之愚,学易者斥而绝之久矣。

系辞下传第十一章

夫以易心而行危道者,汤、武是已。其行危,其时盛,故处危而不疑。处危不疑,道一而已矣。顺百姓之心,己无惭于后世;承非常之庆,而不悖于先猷。以德以福,一而已矣,故道不疑而心恒易。其心易者其辞易,故书简而直,诗至而和。

若夫以危心而行危道者,其惟文王乎!其君明夷也,其世密云也,决于飞而非其小心,安于潜而无其余位,进则革命于崇朝,退则不保其囚戮。季历之事,势不能为;武王之举,心不忍发;迟回郑重,终守侯服。非仅末世难济之可忧,抑亦盛德难终之足恤矣。盛德欲终,惧以终始,则心不敢易而疑生焉。心不易者辞不易,故岐土无诗,崇征无誓,简直和至之言沮,而洁静精微之义著也。呜乎!此文王之所以为盛德也。

灵承者天,周知者人,昭对者心。以俯以仰,以外以内,以出以入,而皆有参差两不相承之数,则疑天、疑人,而还自疑其心。于是精白齐祓,疑其所疑,舍天人之信,而讫用其疑。是故易者,谋天下之疑也。谋天下之疑,道恒不一。不一,故大。大,故百物备焉。阴阳之险阻,祥变之消长,悔吝之往来,可生可死,可危可安,可难可易,一皆象数之固然,为百物之自有。阅百物而莫不有其道,故进不必为武王,退不必为季历,以退让事天,以忧闵恤人,以战栗存心,无所从违而道乃定。故备百物以安于数,要危惧以养其德。安数者乐天,养德者敦仁,尽仁知于震动之介,而德终以不衰。

是故以德，则文王阳也，纣阴也；以位，则殷阳也，周阴也。有德不恃，故阳亢而戒其灾，阴中而幸其有庆；守位不革，故阳失当而代为之忧，阴乘时而不欲其长。命与义争而命胜者，天也；理与命争而理胜者，文王也。争则危，危则疑。疑以教天下之疑，而民用之，吉凶悔吝，咸得用其疑以存忧患而审几微。抑将曰天下之大疑，有甚于文王与纣之时者乎？而文王犹然其无咎矣，则危何不可使易，倾何不可使平？研几于百物不废之中，而载惧以终始，则亦何咎之有哉！是故文王以西伯终，周易以未济终，惧以终也。

自公羊高谓文王受命称王，而异说滋。董仲舒、何休、蔡邕附会而为之征，而圣人之道隐。夫文王受理而不受命。假使受命而不必受理，则道一而无疑，事不危而辞易，陈诗以歌先公之德，称誓以暴独夫之罪，当不俟武王而早为之矣，乃斤斤然仅托危辞于易象乎？

六国亡，秦欲亟自尊以争衰周之统，九鼎、三川未亡，早计而捷得之，故为之说曰，"先受命而后伐商"，以自文其僭诞也。汉儒因之，不亦愚乎！武王有诗、书，文王有易，圣人之情见乎辞矣。

系辞下传第十二章

阳健阴顺，积阳以纯健而乾成，积阴以纯顺而坤成。积故能至，纯故至，而天下之至者莫至也。至健而易，至顺而简，易简而险阻知，惟其纯也。

若夫一变而六子,再变而五十六卦,阴阳多少之数畸而不积,杂而不纯,然且吉凶定而亹亹成,以分功于乾坤,则何也?

曰:因此而知阴阳之数,凡卦而皆六,未有缺矣。阴阳各六而十二,其来也有位,其往也必有居。以其来知其往,亦因而知向背之位,凡卦皆十二位,而未有缺矣。

昨日谋之,今日行之,是行者来之位,谋者往之位也。今日行之,他日改之,是行者来之位,改者往之位也。不可见而有其理,方可见而有其事。理与事称,六位相准而必均。然而盈虚多寡之不齐,则谋与行舛错于物变,而行与改参差于事情也。理与事称,吉凶非妄,而事有理。事与理称,吉凶不虚,而理有事。事有离合,理有柔刚,理事各半。事在理之中而居理之半,理在事之中而居事之半。合离柔刚各分其所半,互相乘以成乎半。故阴阳之各六,与十二位迭运于往来而相若焉。

数与位之相若,则与六位相若也,与一位亦相若也。故以往以来,而健顺之至者,恒一成具在而无不足。往来相期,存发相需,多寡相倚,理事相符。有其至积,(给)〔成〕其或畸;有其至纯,治其或杂。六子五十六卦,皆具六阴六阳于向背之六位,无不具者无不至,无不至者无不知,而又何疑邪?

老阳之积,老阴为冲,少阴为委。老阴之积,老阳为冲,少阳为委。其冲也,道以配而相制;其委也,道以渐而不穷。故用九用六之余于爻外,输其委也;八错五十六综,反其冲也。有所可输,有所必反。是阴阳本至,而一日、一事、一物,无或歉缩矣。一日无缩,一事无歉,故可尽无穷于一象,而皆其健顺之至。用其往者以待其来,居其来者以听其往,故阴阳无极盛不复之理,恒用其半以运于无穷,而纯以必杂,杂而不失,积以必畸,畸而不亡,数赅而存,位留而有待。故乾可以有坤,坤可以有乾,乾坤可以有六十二卦,六十二卦可以有乾坤。乾坤恒有,则健顺恒至,恒至而恒无不知。则六十二卦之效法听治于一存一发之乾坤,而又何疑乎?

且夫天下何以有险阻邪?健者过刚以峻崒,阴往遇之,坚峭而不能入,则阻生。顺者过柔以湋弱,阳往莅之,沈没而不能出,则险生。是险阻者,阴阳德行之固有,而相交不偶之必然也。

健以成阻,顺以成险。当其至,则本天亲上,本地亲下,相与应求而德位称所驰骋,故乾易而未有险,坤简而未有阻。其偶有者,亦初、上之即于冲委尔。及其积者可畸而必畸,纯者可杂而必杂,畸杂以交相遇莅,阴行于阳而触于峻崒,阳行于阴而蹈于湋弱,险阻者六十二卦之固有也。

因其畸杂而险阻生,有其至足而险阻在。相敌则疑,偏孤则忧。以至生不至,则险阻起;以至治不(足)〔至〕,则险阻消。消之者即其起之者也。健顺本予天下以险阻,按其怀来,知其情伪,达其性情,辨其药石。使非至足者交乘乎向背以相往来,亦孰从于其不足知其有余,于其有余知其不足,以备悉乎险阻之故,而通其消息哉?

夫不至而险阻生,至而易简得。不至者因于至,故险阻亦至者之必有,易简亦不至者之赅存。向背往来,蒸变参差而无所少,其数全也,其位全也,数全、位全而时亦全也。故曰:无有乾而无坤之一日,无有坤而无乾之一日,无阴阳多少不足于至健至顺之一日。要所用者恒以其数位之半,相乘于错综而起化。故气数有衰王而无成毁,蒸陶运动以莫与为终始,古今一至,而孰有不至者哉?

邵子曰:"天开于子,消于亥;地辟于丑,消于戌。"不知至健之清以动者,何容施消? 至顺之浊以静者,何所以受其消也? 此殆陈抟狃侮阴阳之言,非君子之言理气之实也。

周易外传卷七

说卦传

一

天下有截然分析而必相对待之物乎？求之于天地，无有此也；求之于万物，无有此也；反而求之于心，抑未谂其必然也。故以此深疑邵子之言易也。

阴阳者，二仪也；刚柔者，分用也。八卦相错，五十六卦错综相值，若是者可谓之截然而分析矣乎？天尊地卑，义奠于位；进退存亡，义殊乎时；是非善恶，义判于几；立纲陈常，义辨于事；若是者可谓之截然而分析矣乎？

天尊于上，而天入地中，无深不察；地卑于下，而地升天际，无高不彻。其界不可得而剖也。进极于进，退者以进；退极于退，进者以退。存必于存，邃古之存，不留于今日；亡必于亡，今者所亡，不绝于将来。其局不可得而定也。天下有公是，而执是则非；天下有公非，而凡非可是。善不可谓恶，盗跖亦窃仁义；恶不可谓善，君子不废食色。其别不可得而拘也。

君臣有义,用爱则私,而忠臣爱溢于羹墙;父子有恩,用敬则疏,而孝子礼严于配帝。其道不可得而歧也。

故麦秋于夏,萤旦其昏,一阴阳之无门也。金炀则液,水冻则坚,一刚柔之无畛也。齿发不知其暗衰,爪甲不知其渐长,一老少之无时也。云有时而不雨,虹有时而不晴,一往来之无法也。截然分析而必相对待者,天地无有也,万物无有也,人心无有也。

然而或见其然者,据理以为之铢两已尔。夫言道者而不穷以理,非知道者矣;言道者而用其耳目思虑以穷理于所穷,吾不敢以为知道者也。夫疏理其义而别之,有截然者矣;而未尽其性也,故反而求之于吾心无有也;而未至于命也,故求之于天地无有也,求之于万物无有也。天地以和顺而为命,万物以和顺而为性。继之者善,和顺故善也。成之者性,和顺斯成矣。

夫阴阳者呼吸也,刚柔者燥湿也。呼之必有吸,吸之必有呼,统一气而互为息,相因而非反也。以燥合燥者裂而不得刚,以湿合湿者流而不得柔,统二用而听乎调,相承而无不可通也。呼而不吸,则不成乎呼;吸而不呼,则不成乎吸。燥之而刚,而非不可湿;湿之而柔,而非不可燥。合呼吸于一息,调燥湿于一宜,则既一也。分呼分吸,不分以气;分燥分湿,不分以体;亦未尝不一也。

是故易以阴阳为卦之仪,而观变者周流而不可为典要;以刚柔为爻之撰,而发挥者相杂而于以成文;皆和顺之谓也。和顺者性命也,性命者道德也。以道德徙义而义非介然,以道德体理而理非执一。大哉,和顺之用乎!

故位无定也:坤位西南而有东北之丧,小畜体乾巽而象西郊之云,解体震坎而兆西南之利,升体坤巽而得南征之吉;行六十四象于八方之中,无非其位矣。序无定也:继乾坤以屯蒙而消长无端,继屯蒙以需讼而往来无迹;运六十四数于万变之内,无非其序矣。

盖阴阳者,终不如斧之斯薪,已分而不可合;沟之疏水,已去而不可回;争豆区铢絫之盈虚,辨方四圜三之围径,以使万物之性命分崩离析,而终无和顺之情。然而义已于此著矣,秩其秩,叙其叙,而不相凌越矣。则穷理者穷之于此而已矣。

今夫审声者,辨之于五音,而还相为宫,不相夺矣。成文者,辨之于五色,而相得益彰,不相撽矣。别味者,辨之于五味,而参调已和,不相乱矣。使必一宫一商,一徵一羽,序而间之,则音必暗;一赤一玄,一青一白,列而纬之,则色必黯;一苦一醎,一酸一辛,等而均之,则味必恶。取人禽鱼兽之身,而判其血气魂魄以各归,则其生必死;取草木谷果之材,而齐其多少华实以均用,则其效不成。子曰:"使回多财,吾为尔宰。"假令邵子而为天地宰也,其成也毁,其生也死,又将奚赖哉!

故参天两地,一义也;兼三才而两之,一义也;分以两,挂以奇,变以十八,一义也;天地山泽雷风水火之相错,一义也;出乎震,成言乎艮,一义也;始以乾坤,历二十六卦而继以坎离,历二十卦而继以震艮,历四卦而继以巽兑,一义也。皆命之所受,性之所成,和顺因其自然,而不可限以截然分析之位者也。

理数既然,则道德之藏从可知矣。诚斯几,几斯神。几不可期,神不可测,故曰:"神无方而<u>易</u>无体。"故疑<u>邵子</u>者,非徒疑之于性命也,且疑<u>邵子</u>之于理也,执所见以伸缩乎物,方必矩而员必规,匠石之理而已矣。

<u>京房</u>分八宫为对待,不足于象,而又设游魂、归魂以凑合之,尤其不足言者也。故所恶于执中之无权者,惟其分仁义刚柔为二而均之也。穷理而失其和顺,则贼道而有余。古今为异说不一家,归于此而已矣。

二

两间之有,孰知其所自昉乎? 无已,则将自人而言之。今我所以知两间之有者,目之所遇,心之所觉,则固然广大者先见之,其次则其固然可辨者也,其次则时与相遇,若异而实同者也,其次则盈缩有时,人可以与其事而乃得以亲用之者也。

是故寥然虚清,确然凝立,无所不在,迎目而觉,游心而不能越,是天地也。故曰"天地定位"。谓人之始觉知有此而位定也,非有所在有所不在者也。

有所不在者,平原斥碛之地,或穷年而不见山,或穷年而不见泽。有所在,故舟居而渔者,穷年见泽而不见山;岩栖而鉏者,穷年见山而不见泽。乃苟见之,则一如天地之固然,峙于前而不移也。故曰"山泽通气"。陟山而知地之固不绝于天,临泽而知天之固不绝于地,非截然分疆而不相出入也,固终古恒然,无与为期者也。

抑有不可期而自有期者,遇之而知其有,未遇不知其何所藏也。盖阴阳者恒通,而未必其相薄,薄者其不常矣。阳歘薄阴而雷作,阴歘薄阳而风动,通之变也。变则不数与之相遇,历时而知之,始若可惊,继乃知其亦固然也。故曰"雷风相薄"。惟其不可期也,而为两间之固有。

其盈也,人不得而缩之;其缩也,人不得而盈之;为功于万物,而万物不得执之以为用。若夫阳燧可致,钻木可取,方诸可聚,引渠可通,炀之瀹之而盛,扑之陻之而衰,虽阴阳之固然,而非但以目遇、以心觉也,于是而始知有水火。故终之曰"水火不相射"。合致其功于人,而人以合阴阳之感者也。

可亲者顺之德,有功者健之德。道定而德著,则曰"山泽通气,雷风相薄,水火不相射";德至而道凝,则曰"水火相逮,雷风不相悖,山泽通气"。其理并行而不相拂矣。

夫动乎暄润之几,成乎动挠之用,底乎成以忻悦乎有生,此变化以成物有然者,然而非己所固然而见其然矣。无已,则察乎他物以知之。固然而有天地,见其位定;固然而有山泽,见其气通;时而知有雷风,见其相薄;与其事而亲之以为功,则知有水火,疑其相射而终不相射也。此人之所目遇而心觉,知其化有然者。

惟然,故"后天、先天"之说不可立也。以固然者为先天,则以次而有者其后矣。以所从变化者为先天,则已成者为后矣。两者皆不可据也。以实言之:彻乎今古,通乎死生,贯乎有无,亦恶有所谓先后者哉?

无先后者天也,先后者人之识力所据也。在我为先者,在物为后;在今日为后者,在他日为先。不贰则无端委之殊,不息则无作止之分,不测则无渐次之差。故曰:"神无方而**易**无体。"

东西南北者,人识之以为向背也。今昔初终者,人循之以次见闻也。物与目遇、目与心谕而固然者如斯,舍所见以思所自而能然者如斯。要非理气之但此为先,但此为后也。

理之御气,浑沦于无门,即始即终,即所生即所自生,即所居即所行,即分即合,无所不肇,无所不成。彻首尾者诚也,妙变化者几也。故天之授我以命,今日始也;物之受性于天,今日始也;成形成色,成生成死,今日始今日终也。而君子以之为体天之道:不疑未有之先何以为端,不亿既有之后何以为变,不虑且无之余何以为归。夭寿不贰而死生贞,学海不倦而仁智定。乃以肖天地之无先无后,而纯乎其天。不得已而有言,则溯而上之,顺而下之,神明而随遇之,皆无不可。而何执一必然之序,矙括大化于区区之局格乎?"天地定位"至"八卦相错"为一章,"数往者顺"三句为一章。<u>本义</u>拘<u>邵子</u>之说,合为一章。其说牵强支离,出于<u>陈抟</u>仙家者流,本不足道,而<u>邵子</u>曰:"此<u>伏羲</u>八卦之位。"<u>伏羲</u>至<u>陈抟</u>时,将近万年,中间并无授受,其诞可见。盖<u>抟</u>师<u>吕嵒</u>或托云"<u>伏羲</u>不死,面授之<u>嵒</u>"也。

三

象自上昭,数由下积。

夫象数一成,咸备于两间,上下无(别)〔时〕也,昭积无渐也,自然者无所谓顺逆也。而因已然以观自然,则存乎象;期必然以符自然,则存乎数。人之仰观俯察而欲数之,欲知之,则有事矣。有事则有时，有时则有渐。故曰：象自上昭，数由下积。

象有大小，数有多寡。大在而分之以知小，寡立而合之以为多。象不待合小以知大，数不待分多以知寡。是犹掌与指也：立全掌之象于此，而拇、食、将、无名、季指之别，粲乎分之而皆可知；掌象不全，立一指焉，弗能知其为何指也。若以数计指也，则先拇以为一，次食以为二，次将以为三，次无名以为四，次季以为五，而后五数登焉，未有先五而后得〔四〕、三、二、一者也。

故象合以听分，数分以听合也。合以听分，必先上而后下；先下而后上，则上者且为下所蔽矣。分以听合，必先下而后上；先上而后下，则下者杗而上无所载矣。象，阳也；数，阴也。日月之照，雨露之垂，自高而及下；人物之长，草木之茂，自卑以至高。

是故畴成象以起数者也，易因数以得象者也。畴，人事也，而本乎天之自然；易，天道也，而行乎人之不容已。畴因雒书，起九宫而用阳；易因河图，以十位合八卦而用阴。畴以仿，易以谋。仿务知往，谋务知来。畴征而无兆，易兆而无征。

畴之始五行，以中五始也；雒书象见于龟，龟背隆起，中五在上。次五事，以戴九先也；次八政五纪而后皇极，履一在下也。详具思问录外篇，蔡氏旧解非是。五行，天也，天所垂也。人法天。天垂象，人乃仰法之，故畴先上而后下。

若易之本于河图也，水一火二，水下火上，则先一而后二，先少而后多矣。先少而后多，故卦首初，次二，次三，次四，次五,以终于上。十八变之策,由少而多;六爻之位,由下而上。下不先立,则上浮寄而无所承。易因数以得象,〔自〕分以听合,积〔下〕以渐上,所由异于畴〔之因象以起数〕也。

夫〔上下,定分也〕。自上下者顺,自下上者逆,故曰“易逆数”也。〔夫数则岂有不逆者哉!〕逆以积,积以成,人迓天而后天牗人。其往也逆,则其来也顺。非数有顺者而易不用,顾用其逆者以巧为合也。

故乾一索而得震,再索而得坎,三索而得艮;坤一索而得巽,再索而得离,三索而得兑;无非逆也。其曰乾一、兑二、离三、震四,阴自上生,以次而下,乃生乎巽、坎、艮、坤,以抵乎纯阴而阳尽无余,吾未知天地之果有此象焉否也。若夫数,则必无此悬虚建始于上,而后逮于下之理矣。

易之作也以蓍,蓍之成象也以数,故有数而后有象。数自下积,而后象自上昭。自有易以来,幽赞于神明而倚数者必无殊道。伏羲氏邈矣,见闻不逮,授受无人矣。以理度之,亦恶能外此哉？故言易者,先数而后象,先下而逆上,万世不易之道也。

四

蓍其往,则人见其往,莫知其归矣;饰其归,则人见其归,莫知其往矣。故川流之速,其逝〔者〕可见,其返而生者不可见也;百昌之荣,其盛者可知,其所从消者不可知也。虽然,耳目之限,为幽明之隔,岂足以知大化之神乎？大化之神,不疾而速,不行而至者也。故曰:“阖户之谓乾,辟户之谓坤,一阖一辟之谓变,往来不穷之谓通。"

阖有辟,辟有阖,故往不穷来,来不穷往。往不穷来,往乃不穷,川流之所以可屡迁而不停也;来不穷往,来乃不穷,百昌之所以可日荣而不匮也。故阖辟者疑相敌也,往来者疑相反也。然而以阖故辟,无阖则何辟? 以辟故阖,无辟则何阖? 则谓阖辟以异情而相敌,往来以异势而相反,其不足以与大化之神久矣。

是故动之使合,散之使分也,其势殊矣;润之使柔,暄之使劲也,其质殊矣;止之使息,说之使作也,其功殊矣;君之使动,藏之使静也,其德殊矣;则疑乎阴阳有各致之能,相与偶立而不相浃。而非然也。

统此大钧之中,雷浃风申,晴熏雨蒸,川融山结,健行而顺受,充盈于一日,沦浃于一物,而莫之间矣。抑就其分用者言之:雷迅则风烈,风和则雷起;极暄而雨集,至清而日霁;山夹礀以成川,川环丘而成嶂;天包地外而行地中,地处天中而合天气。故方君方藏,其错也如响之应声;方动方散,方润方暄,方止方说,如影之随形。为耦合也,为比邻也。无有南北隔乎向背,东西四隅间乎方所,划然成位,而各止其所,以不迁也。

位乾健于南,而南气何以柔和? 位坤顺于北,而北气何以刚劲? 位离于东,而春何以滋膏雨? 位坎于西,而秋何以降水潦? 则震、巽、艮、兑之非定位于四隅,抑又明矣。顾不谓乾不可南,坤不可北,离不可东,坎不可西也。错综乘乎化,方所因乎时,则周流八方,唯其所适,而特不可以偶然所值者为之疆域尔。

故动散合势,润暄合质,说止合功,君藏合德;一错一综而阖辟之道立,一错三综而阖辟之道神,八错二十八综而阖辟之(用)〔道〕备。故方言雷而即言风,方言雨而即言日,方言艮而即言兑,方言乾而即言坤。钧之所运,轴之所转,疾以相报,合以相成。一气之往来,成乎二卦,而刚柔之用全。则散止以著动说之往,君暄以饰藏润之归。君子之于易,无往而不得妙万物之神,曾何局于方、划于对、剖于两、析于四、淆于八之足云!

五

震东兑西,离南坎北,因河图之象,奠水、火、木、金之位,则莫之与易矣。若夫乾坤者,经乎四维者也。乾非隅处于西北也,位于西北而交于东南;风者天之余气也,风莫烈于西北,而被乎东南,故巽为乾之余,而受位于乾之所经。坤非隅处于西南也,位于西南而交于东北;山者地之委形也,山莫高于西南,而迤于东北,故艮为坤之委而受位于坤之所经。震、兑、坎、离之各有其位,受职于天地,居其所而不相越。天地经水、火、金、木而运其化,故络贯乎其间,而与巽、艮合其用。乾坤非隅也,行乎四维而各适有正也。震、兑,坎、离非正也,受乾坤之化而各司其一偏也。谓之"正",谓之"隅"者,人之辞也。大圜普运,无往而非正也。此八方配卦之大纲也。

夫八卦有位焉,虽天地不能不与六子同乎其有位也,昭著乎两间者有然也。乾坤有神焉,则以六子效其神而不自为功者也,体两间之撰则实然也。位者其体也,神者其用也。体者所以用,而必有其定体,虽无用而自立乎其位;用者用其体,而既成乎用,则无有定位而效其神。

神不测,则六子之用,相成相济而无其序。乃丽乎万物而致功,则神且专有所主而为之帝,帝则周流于八方,以有序而为始终。故易不可以一理求者也。参观之而各有其理,故在帝言帝,于是而万物之生成有序,亦因之以为序焉。故曰"帝出乎震",帝于震乎出,非谓震方之德为所出之帝也。

由是以行乎巽而"齐",行乎离而"相见",行乎坤而"致养"乎地,行乎兑而"说",行乎乾而争功于天,行乎坎而"归",行乎艮而一终以更始,历其地则致其功,逮其期则见其效,而果谁为之帝乎?

妙万物而丽乎物者也。或动或挠,或燥或说,或润或止者也。故六子之神,周流于八卦,而天地则在位而为午贯之经,在神则为统同之主。妙矣哉!浑沦经纬,无所拟而不与道宜。故"神无方"者可为之方,"易无体"者不可为之体。同别合离,体用动静,罔不赅存于道,而易妙之。惟然,则岂滞于方所者之所与知哉?

夫易于象有征焉,于数有实焉,于化有权焉。拟之以其物,奠之以其位,象之徵也。上生者积以生变,下生者节以成合,逆而积之,得乃知之,数之实也。彻乎数而与之为损益,行乎象而与之为盈虚,化之权也。

拟〔物〕者必当其物,以乾为金,以艮为土,则非其物也。奠位者必安其位,位乾于南,位坤于北,则非其位也。阳可变八,而所下生者七,阴可合七,而所上生者八;乾生兑,坤生艮,则非所生矣。逆而积之而数非妄,得乃知之而数无方,而变从上起,限以其序,则无实而不可与尽变矣。彻乎数而皆在,往来无时也,而序之以天时人事之一定,则有不周矣。行乎象而皆通,帝之由出以成,阅八位而皆有功也,而限之以对待倚伏之一局,则不相通矣。

况夫位者,资数以为实,资化以为权,而尤未可据者也。大畜之"天衢",在明夷而为"入地";小过之"西郊",在既济而为"东邻";贲无水而"濡如",随无山而"用亨";睽火兑之极而"遇雨",巽东南之卦而"先庚"。然则数淆而起变,化运而因时,帝之所临,初无必然之衰王,神之所集,何有一定之险夷?故冀、代之士马,或以强,或以弱;三涂、四岳之形胜,或以兴,或以亡。天无拘方之生杀,人无据位之安危,其亦审矣。

盖乾坤之德具行于六子,六子各禀乾坤之撰,六子之用遍历乎八卦,乾坤亦载六子之施,易之所以妙万物而无典要,故六十四象、三百八十四变之大用显焉。典之要之,而易理限于所域,此后世术数之徒所以终迷于大化也。

不然,天无乎不覆,地无乎不载,健顺之德业无乎不行,且无有于西北、西南之二隅,又何乾南坤北之足言乎?今夫天圜运于上,浩乎其无定畛也;人测之以十二次,而天非有次也。配之以十二辰者,不得已而为之验也。局之以分野者,小道臆测之陋也。黄道密移而皆其正,昏旦日改而皆其中。易与天合者,可以悟矣。

六

天地府大用而官之,震、巽、坎、离、艮、兑受材于乾坤而思肖之,繁然各有其用。故天地之间,其富矣哉!圣人受材以肖阴阳之德,阴阳之富有,皆其效法也。将繁然而尽用之乎?繁然尽用之,则纯者、驳者,正者、奇者,弗择而求肖之,必将诡而趋于不经。故有所用,有所不用;有所用以兴利而不以立教,有所用以立教而不以兴利。惟圣人为能择于阴阳之粹精,故曰:"赜而不可恶,动而不可乱。"

是故震雷、巽风、坎水、离火、艮山、兑泽,象之盛者也,他有象而不足以拟其盛也。然而大过、益、升、井、鼎、渐、涣、中孚,则退风之功而升木于用者,乘木而观往来之通塞,贤于风之拂散而无功也,故君子择于巽而利用木也。

传曰:"雨以润之,日以晅之。"舍水火而用雨日,日不偶月而配雨,择之尤严者也。雨性足于润,日性足于晅。乃以润以晅,岂徒以其性之足者哉?徒以性,则水丰于雨,火烈于日矣。以者,有所施也;润之晅之,有所丽也。施以为恩,丽以为效,则润晅之德,水火不及雨日之用矣。何也?水火之德不胜刑,雨日之刑不胜德;雨俭于水,故鲜沦没之害;日和于火,故无焚灼之灾也。

天地之生化消息万物者,有以藏之,有以散之,有以止之,可以弗忧其盛而难继矣。而尤授水火以刑害之权[一],则万物其伤矣乎!老氏之言曰"上善如水",其有刑之心也夫!故言刑名者、言兵者皆祖之。然后知天地之生,圣人之德,用雨日

而非用水火也。

乃若天地之最无以为功于万物者，莫若月焉。继日以明，而不能废夜作之炬；秉阴以清，而不能减暑夕之炎；照物若暴，而不能熯濡湿之气；漾物若流，而不能津既暵之草。一盈一虚，资日而自撜其魄，类无本者。疾行交午，以争道于阳，类不正者。特其炫洁涵空，微茫晃烁，以骀宕人之柔情，而容与适一览之欢，见为可乐，故释氏乐得而似之。非色非空，无能无所，仅有此空明梦幻之光影，则以为"法身"，则以为"大自在"，则以为"无住之住"，以天下为游戏之资，而纳群有于生化两无之际。然则非游惰忘归之夜人，亦谁与奉月以为性教之藏也哉？故其徒之覆舟、打地、烧庵、斩猫也，皆月教也。求其明且润者而不可得，乃曰此亦一明也，亦一润也，岂不悲乎？

是故圣人知月非天地之用，而终不以月为用。中孚之四，小畜之五，阴中而"月望"〔一〕，"月望"而阳疑，故"既雨"不能免小畜之凶，"匹亡"而后谢中孚之（咨）〔咎〕〔二〕。则斟酌其功过之实，以为扶抑，其亦审矣。

故天地之所可弗用者月也，其次则风也。佐阳以行令而不能顺承以兴利，则可散而不可聚。乃释氏则又效之以为教矣，其言曰："愿风持世界。"无实于己，而但求动焉；苹末之起无端，怒号之吹自已。盖将以散之者持之，而破亡摧折之余，

〔一〕　按："月几望，凶"是小畜上九爻辞，不是第五爻，也不是阴爻。这里说"小畜之五"，又说"阴中"，当是记忆错误。

〔二〕　"咎"原作"咨"，据中孚六四爻辞"月几望，马匹亡，无咎"改。

其得存于两间者能几也,而曾足以持之不毁乎?

是故易之于水火也,不用以教而用以利,用以利而尤不尽用之。敛其炎,取之于日;节其淫,取之于雨。其于风也,不用以利〔而〕用以教,用以教而尤不尽用之。或取之木,以使有实;或取之风,取其及远而已矣。其于月也,无所取之也。故诗曰:"彼月而微,则惟其常。"天地之间,即无月也,而亦奚损?而或以侵阳,则害生焉。是故伐鼓责阴,而端冕请阳,贵日而贱月,则利存而教正。君子择阴阳之德而慎用之,岂徒然哉!彼纳甲之例,以月为卦体,益陋而不足录矣。

七

阴阳不孤行于天地之间。其孤行者,歘危幻忽而无体,则灾眚是已。行不孤,则必丽物以为质。质有融结而有才,才有衰王而有时。为之质者常也,分以为才、乘之为时者变也。常一而变万,其一者善也,其万者善不善俱焉者也。才纯则善,杂则善不善俱;时当其才则善,不当其才则善不善俱。才与时乘者万,其始之因阴阳之翕辟者一;善不善万,其始之继善以成者一。故常一而变万,变万而常未改一。是故乾坤六子,取诸父母男女,取诸百十有二之象,无不备焉。

呜呼!象之受成于阴阳,岂但此哉?而略括其征,则有如此者。大为天地而无惭,小为蟹蚌苇蒛而无损;贵为君父而非僭,贱为盗妾而非抑;美为文高而不夸,恶为臭眚毁折而不贬;利为众长而非有缺,害为寡发耳痛而不能瘳;皆阴阳之实有而无所疑也。

实有无疑,而昧者不测其所自始,而惊其变。以为物始于善,则善不善之杂进,何以积也?必疑此不善之所从来矣;以为始一而后不容有万,则且疑变于万者之始必非一也;故荀悦"三品"之说以立。其不然者,以不善之无所从来,抑且疑善所从来之无实,故释氏之言曰:"三界惟心,万法惟识。"如束芦之相交,如蕉心之亡实,触目皆非,游心无据,乃始别求心识消亡之地,亿为净境,而斥山林瓦砾之乡以为浊土。则甚矣,愚于疑者之狂惑以嗛鸣也!

夫天下之善,因于所继者,勿论矣。其不善者,则饮食男女以为之端,名利以为之缘。非独人有之,气机之吐茹匹合,万物之同异攻取皆是也。名虚而阳,利实而阴;饮资阳,食资阴;男体阳,女体阴。无利不养,无名不教;无饮食不生,无男女不化;若此者岂有不善者乎?才成于抟聚之无心,故融结偶偏而器驳;时行于推移之无忧,故衰王偶争而度舛。乃其承一善以为实,中未亡而复不远,是以圣人得以其有心有忧者裁成而辅相之。

故瞽者非无目也,蹇者非无足也,盗之憎主非无辞也,子之诤母非无名也;枭逆而可羹,堇毒而可药;虽凶桀之子,不能白昼无词而刃不相知之人于都市。有所必借于善,则必有缘起于善矣。故曰:常一而变万,变万而未改其一也。

是以君子于一得善焉,于万得善不善之俱焉,而皆信以为阴阳之必有。信而不疑,则即有不善者尘起泡生于不相谋之地,坦然不惊其所从来,而因用之以尽物理。奚况山林瓦砾,一资生之利用,而忍斥之为浊乎?

是故圣人之教，有常有变。礼乐，道其常也，有善而无恶，
榘度中和而俪成不易，而一准之于书；书者，礼乐之宗也。诗、
春秋兼其变者，诗之正变，春秋之是非，善不善俱存，而一准之
于易；易者，正变、是非之宗也。

鹑之奔奔、桑中诸篇，且有疑其录于国风者矣。况于唐太
子弘者，废读于商臣之弑，其能免于前谀而后贼也哉？天下之
情，万变而无非实者，诗、春秋志之。天下之理，万变而无非实
者，易志之。故曰：易言其理，春秋见诸行事。是以君子格物
而达变，而后可以择善而执中。贞夫一者，所以异于执一也。

序卦传

序卦，非圣人之书也。

乾坤并建而捷立，周易以始，盖阴阳之往来无淹待而向背
无吝留矣。故道生于有，备于大繁，有皆实而速行不息，太极
之函乎五行二殊，固然如斯也。

有所待非道也；续有时则断有际，续其断者必他有主，阴
阳之外无主也。〔有所留非道也；〕存诸无用则出之不力，出
（且）〔其〕存者必别有情，往来之外无情也。是故六阴六阳，十
二皆备，统天行地，极盛而不缺，至纯而奠位，以为之始，则万
物之生，万物之化，质必达情，情必成理，相与参差，相与夹辅，
相与补过，相与进善；其情其才，其器其道，于乾坤而皆备。抑
无不生，无不有，而后可以为乾坤，天地不先，万物不后。而序
传曰："有天地，而后万物生焉。"则未有万物之前，先有天地，

以留而以待也。是以知序卦非圣人之书也。河内女子献于购书之时，传于专家之学，守文而困于理，昧大始而破大成，故曰非圣人之书也。

其为说也：有相因者，有相成者，有相反者。相因者，"物生必蒙"之类也；相成者，"物稚不可不养"之类也；相反者，"物不可以苟合"之类也。因之义穷则托之成，成之义穷则托之反，惟其意之所拟、说之可立而序生焉，未有以见其信然也。

天地之间，皆因于道。一阴一阳者，群所大因也。时势之所趋，而渐以相因，遂私受之以为因，亦无恒而统纪乱矣。且因者之理，具于所因之卦，则屯有蒙，师有比，同人有大有，而后卦为赘余矣。况如随之与蛊，渐之与归妹，错卦也，相反之卦也，本非相因，何以曰"以喜随人者必有事"，"进必有所归"邪？如是者，因义不立。

受成者器，所可成器者材。材先而器后。器已成乎象，无待材矣。前卦之体象已成，岂需后卦乎？假无后卦，而前卦业已成矣，而何以云"履而泰然后安"，"革物者莫如鼎"邪？若无妄之承复，萃之承姤，阴阳速反而相报，非相成明矣，而曰"复则不妄"，"相遇而后聚"。如是者，成义不立。

阴阳各六，具足于乾坤，而往来以尽变。变之必尽，往来无期。无期者，惟其无心也。无地之既无心矣，淫亢孤虚，行乎冲委，而不辞其过。故六十四象有险有驳而不废，一隆世之有顽谗，丰年之有夷稗也。险而险用以见功，驳而驳用以见德，胥此二气之亭毒。险易纯驳，于彼于此，不待相救而过自寡。谓寡过者必待后起之救也，吾未见贲立而噬嗑之合遂不苟,遁来而恒可舍其所而弗久居也。以此卦之长,补彼卦之短,因前卦之屈,激后卦之伸,然则南粤之暄,致北胡之冻,诘旦之风,解今日之暍乎?是以极重相争者与艰难之际,抑亦乱必安之土而强施檠括于阴阳矣。如是者,反义不立。

三义不立,而舞文句以相附合,故曰:非圣人之书也。

然则周易何以为序邪?曰:周易者,顺太极之浑沦而拟其动静之条理者也。故乾坤并建而捷立,以为大始,以为成物。资于天者皆其所统,资于地者皆其所行。有时阳成基以致阴,有时阴成基以致阳。材效其情而情无期,情因于材而材有节。有节则化不溢于范围,无期则心不私于感应。

借其不然,无期而复无节,下流且不足于往来;有节而复有期,一定之区,一形之范,将一终而天地之化竭矣。此京房八宫世应之术、邵子八八相乘之数所以执一以贼道,而周易之妙则固不然也。

故阳节以六,阴节以六,十二为阴阳之大节而数皆备;见者半,不见者半,十二位隐见具存,而用其见之六位,彼六位之隐者亦犹是也。故乾坤有向背,六十二卦有错综,众变而不舍乾坤之大宗。阖于此阖,辟于此辟,节既不过,情不必复为之期。消长无渐,故不以无心待天佑之自至;往来无据,故不可以私意邀物理之必然。岂必乾左生夬、下生姤,坤左生剥、下生复之区区也邪?

虽然,博观之化机,通参之变合,则抑非无条理之可纪者也。故六十四卦之相次,其条理也,非其序也。夫一阖一辟而情动,则皆道之不容已。故其动也,极而正,不极而亦正。因材以起万变,则无有不正者矣。乾坤极而正者也,六十二卦不极而亦正者也。何也? 皆以其全用而无留无待者并建而捷立者也。

坎离,小过中孚,合其错而阴阳各六,视乾坤矣。六十四卦向背颠倒而象皆合错,象三十六,其不可综者八,凡综之象二十八,其可综者固可错也。合四卦而一纯,则六阴六阳之全再备矣。错者捷错,综者捷综,两卦合用,四卦合体,体有各见而用必同轴。故屯蒙之不可离析,犹乾坤也;颐、大过之无所需待,犹乾坤也。非始生必蒙,不养则不可动也。化不停,知之所以周流;复不远,仁之所以安土也。乾坤并建以捷立,自然者各足矣。

天地自然,而人之用天地者,随其隐见以为之量。天地所以资人用之量者,广矣、大矣。伸于彼者诎于此,乃以无私;节其过者防其不及,乃以不测。故有长有消,有来有往,以运行于隐见之殊,而人觉其向背。易以前民用,皆言其所向者也,则六位著而消长往来,无私而不测者行焉。消长有几,往来有迹,而条理亦可得而纪矣。

乾坤定位,而隐见轮周,其正相向者,值其纯阳,旋报以纯阴,则为乾坤;欹而侧也,则或隐而消,或见而长,为泰、否、临、观、剥、复、遁、大壮、夬、姤。故消长之几,为变化之所自出,则之十二卦者以为之经。乾坤合用,而乘乎不测,以迭相屈伸于彼此,其全用而成广大之生者,则为乾坤;乾不孤施,阴不独与,则来以相感,往以相受,分应于隐见之间,而为坎、离、震、艮、巽、兑。故往来之迹,为错综之所自妙,则之八卦者以为之经。此二经者,并行而不悖者也。

自两卦而言之,错者捷错,综者捷综,乾坤通理皆在,而未尝有所缺于阴阳健顺之全。自八卦之所统、十二卦之所络而言之,往来不以均,消长不以渐;交无适交,变无定变,故化不滞,进退乘时之权也;盛不益盛,衰不浸衰,故道不穷,阴阳弥纶之妙也。自六十四卦、三十六象兼二经而并行者言之,于消长有往来焉,于往来有消长焉;消长不同时,往来不同域[一],则流形无畛,而各成其诉合。

盖以化为微著,以象为虚盈,以数为升降,太极之动静固然如此,以成其条理。条理成,则天下之理自此而出。人以天之理为理,而天非以人之理为理者也。故曰相因,曰相成,曰相反,皆人之理也。易本天以治人,而不强天以从人。观于六十二卦之相次,可以亡疑也。其图如左。

因三画八卦而重之,往来交感,为天地、水火、雷山、风泽之定体,其卦八,其象六:

乾坤首建,位极于定,道极于纯,十二位阴阳具足,为六子五十六卦阖辟显微之宗。乾见则坤隐,坤见则乾隐。隐者非无也,时之所乘,数之所用,其道在彼不在此也。以其隐而未

〔一〕以上二句,嘉恺抄本作"消往不同时,长来不同域"。

著,疑乎其无,故方建乾而即建坤,以见阴阳之均备。故周易首乾坤,而非首乾也。其次为坎离。卦以中位为正,坎得乾之中,离得坤之中也。乾坤、坎离,有错而无综。天虽周行而运行乎上,地虽四游而运行乎下,而高卑不移,虚实不改;水火无变,不从不革,不曲不直,其性不易,其质不迁。

四卦为往来之定经,而震艮、巽兑以交为往来,一经一纬之道也。阴阳之动,一上一下,变之复也;阳先阴后,理之顺也;故震艮先而巽兑后。震艮、巽兑,有错有综,震错巽,艮错兑;用综而不用错,阴阳不宅其中,则以捷往捷来见运行之神。乾坤、坎离既已著阴阳十二之全有矣,于此而著气机流行之妙,经(全)〔以〕设而静,纬(次)〔以〕积而动也。凡综卦合四卦而见阴阳之本数,非震艮之有八阴,巽兑之有八阳也。

因六爻而消长之,乾坤、泰否、临观、剥复、遁大壮、夬姤阴阳屈伸之数,其卦十二,其象七:

乾坤首建,极阴阳之至盛,以为变化之由,故曰:"乾坤,其易之门邪!"消长之数,皆因此而生。惟极盛也,而后可以消,可以长,可以长而有其消,可以消而复能长。若谓自复而上,历临、泰、大壮、夬而至乾;自姤而上,历遁、否、观、剥而至坤;则是本无天地,因渐而成矣。无其理,无其实,无其象,无其数,徒为戏论而已。此京房候气之鄙说也。

乾坤立而必交,其交有多寡,多因谓之长,寡因谓之消,非消遽无而长忽有。其交之数,参伍不容均齐,阴阳之妙也。继乾坤以泰否,不以复姤,则非渐长;不以夬剥,则非渐消。继之以泰否者,乾坤极盛,泰否次盛。其位实,其德均,其变纯,六阴六阳隐见于向背,则为乾坤。凡二卦而阴阳全,错综于向背,六阴六阳,其位固纯,则为泰否。即一卦而阴阳全具,则泰否亦立于极盛以起变者也。

又次而临观,又次而剥复。消长之机,阳先倡之,长则必有消,用之广则必反之约,故次以二阳之卦二,次以一阳之卦二也。阳变则阴必合,故次以二阴之卦遁、大壮,次以一阴之卦夬、姤也。临阳长也而先观,复阳生也而次剥,遁阴长也而先大壮,姤阴生也而次夬,阴阳迭为主,一翕一辟,而先后因之也。

由乾坤而生泰否以(上)〔下〕之十卦,十卦皆乾坤所有之通变也。由乾坤泰否而及临观以(上)〔下〕之八卦,八卦皆天地相交之变通也。以次而变合,不以次而消长,天地浑沦无畛之几固然也。

乾坤定位以交感而成六子,六子立而与乾坤分功,则乾坤亦自有其化矣。凡乾坤之属,其卦二十六,其象十四:

屯	需	师	小畜	泰	同人	谦	随	临	噬嗑	剥

无　　大
妄　颐　过

坎离之属，其卦二十，其象十：

　　　　　家
咸　遁　晋　人　蹇　损　夬　萃　困　革

震艮之属，其卦四，其象二：

渐　丰

巽兑之属，其卦六，其象四：

　　中　小　既
涣　孚　过　济

乾坤之德纯，其数九十而得中，乾坤之数，老阳则五十四，老阴则三十六；少阳则四十二，少阴则四十八。皆合为九十。故其卦多。坎离之位正，其数九十，与乾坤均，坎之数，老阳则十八，老阴则二十四，为四十二；离之数，老阳则三十六，老阴则十二，为四十八。合为九十。坎之数，少阳则十四，少阴则三十二，为四十六；离之数，少阳则二十八，少阴则十六，为四十四。亦合为九十。阴阳合德，水火相入，热入汤中，油升焰内，浑合无间。故其卦次多。震艮毗阳，巽兑毗阴，德既不合，用亦相违，其数非过则不及，震艮老阳皆十八，老阴皆二十四，为四十二，合八十四。少阳皆十四，少阴皆三十二，为四十六，合九十二。巽兑老阳皆三十六，老阴皆十二，为四十八，合九十六。少阳皆二十八，少阴皆十六，为四十四，合八十八。故其卦少。巽兑之属虽六卦，而既济未济与乾坤相为终始。乾坤，纯之至者也；既济未济，杂之尤者也。一致而百虑，故始乎纯，终乎杂。则既济未济不系乎巽兑而自为体，是巽兑之属四，与震艮均也。颐、大过，乾坤之用终。中孚、小过，六子之用终。颐、大过、中孚、小过，四隅之经，与乾坤坎离相为维络者也。故既济未济，绍合天地之初终，而错综同象，为卦变之尽神者，以成乎浑沦变合之全体焉。

天地之交感以阳始，故一索得震，再索得坎，而为屯；再索得坎，三索得艮，而为蒙。阳倡其先，阴定其体，故为物始生而蒙昧之象焉，此以继天地之生者也。自此而天以其神生水者为需、讼，地以其化成水者为师、比，而皆以受天地之中者成天地之化矣。天乃以其全体生巽生兑，而交乎阴，为小畜、履。天既交阴，则合乎地而为泰、否，天于是乎成火而为同人、大有。地受天施而效其化，亦以其全体应乎阳，生艮生震，而为谦、豫。天地屡交以施生，则其化且错，故随、蛊阴阳交杂而自相错。随、蛊者，杂之始，少长相耦而不伦，而天地之纯将变矣。地于是乎生巽兑而为临、观，以效天化之履、小畜也。而又杂变乎噬嗑、贲，震杂离，离杂艮，亦阴阳之不相伦而尤杂者也。凡相杂者，以未定者为未离乎纯；已定其伦，则成乎杂矣。故随、蛊、噬嗑、贲未成乎杂，而地之生剥生复犹纯也。乃孤阳之仅存,而地之用亦讫矣。地之生也,极乎震、艮;天之生也亦因之,故无妄、大畜为天化之终也。震艮者,帝之终始,故合而为颐,而天地之终始备;其错为大过,则泽风以备地化而应乎(赜)〔顺〕者也。颐之有位者纯乎坤,大过之有位者纯乎乾,盖亦乾坤之变,而反常之象有如此者。而颐象离,大过象坎,则又以起坎离焉。此二卦者,天地水火之枢也。

坎、离者,阴阳相交之盛者也。阳得乾之中而为坎,阴得坤之中而为离,于是而备阴阳交感之德。故其为属也,始乎咸、恒:离中之阴升而上,坎中之阳升而三;离中之阴降而初,坎中之阳降而四;水火升降之始也。坎中之阳升而三以应乎天,则为遁;坎中之阳降而四以聚乎阳,则为大壮;皆坎之合乎乾者也。而晋、明夷,离之丽乎地者也。离中之阴降而四,为家人;升而三,为睽;火之自化者也。坎中之阳升而三,为蹇;降而四,为解;水之自化者也。离中之阴升而三,坎中之阳升而上,为损;坎中之阳降而初,离中之阴降而四,为益;水火之交化者也。离中之阴升而上,为夬;降而初,为姤;皆火之应乎天者也。离中之阴升而上,为萃;降而初,为升;火之应乎地者也。坎欲交离,而离中之阴升而上,为困;降而初,为井;火不与水应而杂者也。于是水用不登,而火道亦替。离中之阴降而初,为鼎;升而上,为革;火自化而无水以济之,水火之道变矣,故曰"革去故"而"鼎取新"也。凡水火之属,火之化多于水者,水生于天,行于地,与雷风山泽为依,而火自生灭于两间,其为独用多也。若屯蒙、需讼、师比、同人大有,则义从天地,水火不得而私之;既济未济,水火之交不失其位,与泰否同其为经者,则阴阳终始之几,坎离固不得而属之。

震艮、巽兑,阴阳杂而不得中,故其卦仅有存者。巽道犹存而震变,阳杂起而上于三,则为渐;震道犹存而巽变,阴杂起而上于三,则为归妹;交错之卦,象之杂者也。震存可以交巽,而巽阴升乎二,不与震应,为丰;艮存可以交兑,而兑阴降乎五,不与艮应,为旅;此震巽、艮兑之将交而以杂不合,杂之尤者也。巽存可以交震,而震阳升乎二,不与巽应,为涣;兑存可以交艮,而艮阳降乎五,不与兑应,为节;此巽兑之变,与丰旅其尤杂者也。故是四卦相错,杂出于震、艮、巽、兑之间,互为往复,其相比附也,密迩呼应。杂不可久,将反贞也。反其贞,而巽、兑交而为中孚,震、艮交而为小过。于是而震艮、巽兑之体定,杂之必贞也。震艮、巽兑之体定,而有坎离之象,则六子之体咸于此定,故继以水火交合之定体焉。既济、未济,水火交定,而乾坤相交之极致,亦于是而成。一上一下,水火相接而成化;一阴一阳,乾坤相错而成章。其于震、艮、巽、兑也,则既济震阳上升于五,巽阴上升于二,艮阳下降于五,兑阴下降于二;未济则震阳上升于二,巽阴上升于五,艮阳下降于二,兑阴下降于五;皆升降相应,往来而得中者也。自屯蒙以来,阴阳相交相(杂)〔错〕,迨是而始定,乃殊涂之极则,百致之备理也。故列乾坤于首以奠其经,要既济未济于终以尽其纬,而浑沦无垠,一实(蕃)〔万〕变之理皆具,此周易之所以合天也。

凡错而不综之卦八,即以错相从,见六阴六阳皆备之实:

　　　　　　中
乾　　颐　　坎　　孚
䷀　　䷚　　䷜　　䷼

　　　大　　　　小
坤　　过　　离　　过
䷁　　䷛　　䷝　　䷽

乾坤、中孚、小过以为始终，颐、大过、坎、离以位乎中，天地水火之有定体也。颐、大过外象坎离，内备乾坤之德，其有位者一乾坤之纯也。中孚、小过外象乾坤，中含坎离之理，其致用者一坎离之交也。凡不综之卦，非不可综也，综之而其德与象无以异，其志定，其守贞，其德凝，故可以始，可以终，可以中，而为变化之所自生也。

　　凡错综同象之卦，其卦八，其象四：

　　　　　　归　　既未
泰否　随蛊　渐妹　济济
䷊䷋　䷐䷑　䷴䷵　䷾䷿

错综同象，其德成乎异之甚，虽变更来往而亦不齐也。故泰通而否塞，随从而蛊改，渐贞而归妹淫，既济成而未济毁；非若屯、蒙相仍，师、比相协，同人、大有相资，损、益相剂之类也。泰、否者，乾坤之大机；随、蛊、渐、归妹者，雷风山泽之殊用；既济、未济者，坎离之极致。随、蛊从乎乾坤，雷风山泽之承天地也；渐、归妹之际乎震艮、巽兑，从其类也。

　　凡综卦有错，用综不用错者，以大化方往方来，其机甚捷，而非必相对待，如京氏、邵子之说也。故曰"易圆而神"，"神"

以言乎其捷也，"圆"以言乎其不必相为对待也。其卦四十八，其象二十四：

屯	需	师	小畜	临	鼎	晋	同人	豫	遁	噬嗑	剥

无妄	咸	家人	井	夬	升	损	解	震	丰	巽	涣

卦相次而各成象，象立而有德，因德以为卦名而义行焉。其综卦相次者，以捷往捷来著化机之不滞，非因后起之名义而为之次，明矣。故二卦相综，名义有相反者，如剥复、家人睽之类；有相合者，如屯蒙、咸恒之类；抑有以错而相反者，如需晋、剥夬之类；有因错而相合者，如蒙（萃）〔革〕、师同人之类；抑有于错于综，名义绝不相涉者，如小畜于履、谦于豫之类。盖卦次但因阴阳往来消长之象，天之所以成化也。名义后起于有象之余，人之所以承天，初非一致也。

乾坤为化之最盛，以该十卦之成，凡消长者皆自此而出。凡乾坤之属，其卦八，其象四：

屯	需	师	小畜
蒙	讼	比	履

泰否者,三阴三阳适得其均,消长之不偏者也。分体乾坤之纯,故足以继乾坤之盛。凡泰否之属,其卦六,其象三:

同人　谦　随

临观二阳之卦,泰否之阳渐消。凡临观之属,其卦二,其象一:

噬嗑

剥复阳再消而为一(阴)〔阳〕,阳之消止矣。消则(不)〔必〕长。泰、临皆先而复独后剥,以起阳也。凡剥复之属,其卦八,其象六:

无妄　颐　大过　坎　离　咸

遁大壮,阴之消以渐也。凡遁大壮之属,其卦八,其象四:

晋　家人　蹇　损

夬姤阴消之极,消亦且长,于是而阴阳交相为进退,以极变化之繁。至于既济未济，而后复于泰否之交。凡夬姤之属，其卦二十，其象十一：

萃　困　革　震　渐　丰　巽　涣　中孚　小过　既济

凡二变而得阴消之卦三十二，二阴则四阳，二阳则四阴。乃消之卦多系之阴消阳长，而不系之临观、剥复者，阳不可久消，阴不可久长，周易扶抑之权也。

乾坤者，众变之统宗，故其属卦八，酌其中也。泰否则减，而属卦六。临观二而已。剥复而复八，消极则长也。遁大壮阴消之始，其卦八。夬姤阴消之极，阴消而阳大有功，故属卦最多。天化之昌昌于此，人事之赜赜于此也。

彖曰："刚柔始交而难生。"刚柔者，乾坤也。屯、蒙阳生阴中，以交阴而消之，消之故难生。一阳始交于二阴之下，继交于二阴之中，为屯；继交于二阴之中，遂交于二阴之上，为蒙；阳道不迫以渐升也。阳用其少以丽于阴之多，变之始也。始交乎阴，不致一而内外迭用二阳，变之未甚，其数犹丰也。需、讼二阴交阳之卦，阴之未长者也。乾以二阳交阴为屯、蒙，坤以二阴交阳为需、讼。阴阳盛，各致其交，于此四卦为始合。阳生得中，阴生不得中，阴之始化不足以中，柔道然也。初长而即消：师、比，乾之消也；小畜、履，坤之消。凡消长之理，不遽不渐，出入百变，旋往旋复，旋复旋往。验之于呼吸，而知阳消则阴长，阴消则阳长。阳长而小畜、履失中，阴长而师、比未失中,刚道然也。要所谓消长者,自其显而见者言之;若合其隐而藏者,则无有消长。故屯、蒙之错为鼎、革,屯、蒙生也,鼎、革化也,生化合而六阴六阳之用全矣。需、讼之错为晋、明夷,皆争卦也,消长渐盛而争矣。师、比之错为同人、大有,皆和卦也,阴函阳而不使失中,阳亦养阴而使(下)〔得中〕也。小畜、履之错为谦、豫,阳安阴,阴亦不得危孤阳也。凡错卦合四卦而道著,皆仿此。六十二卦皆乾坤之有,而独此八卦系之者,自其化之纯盛者而始动于微则如此。

否长二阳于初、三为同人,泰长二阳于四、上为大有。长必二者,大化无渐长之几,能长则必盛也。(同人、大有)阳长而阴不失其中,阳之消阴,不遽夺其正位,君子道也。泰长二阴于初、二为谦,否长二阴于五、上为豫。阴阳迭为消长,消长必二,阴阳之变同也。阴长而据阳之中位,小人道也。且消长所临必参差,亦于此而见化机无对待之理矣。前有师、比、小畜、履,后有同人、大有、谦、豫,夹泰否于中,消长相互,天地之交乃定也。(阳消)〔阴长〕不已,无即至于临观之理;阳长不已,无即至于遁大壮之理。消长必乘乎大变,随蛊者,大变之卦也。泰仅留上一阴下一阳,而中位皆变,为随;否仅留上一阳下一阴,而中位皆变,为蛊,二卦错综同德,其变大矣。变之极而后临观乃来,阳非极变,不遽消也。

临观,泰否之消长也。消不可久,消盛则变。复长一阳而杂之阴,居中位得势而安。噬嗑阳迁于四,与所长之上九合而函五;贲阳迁于三,与所长之初九合而函二。盖临观、剥复之际,阳道已微,不能顺以受消,杂乱起而后阳乃不绝。故噬嗑为强合,贲为强饰。其错为井、困。噬嗑、贲刚合柔,井、困柔撝刚,皆以迎其长而息其消也。

剥复,阳消之极矣。消之极,则长之不容不速。其长也,必有所因。剥余艮上之一阳,复余震下之一阳,而震、艮皆阳体,故可以召阳而为君。坤之错乾也,长之速而反其所错,为无妄、大畜,其错为萃、升。当乍长乍消之际,消者相保,以诚而聚,以聚而兴,四卦之德,所以继剥复、夬姤也。

剥复之属,无妄、大畜而已。自颐至于咸、恒六卦,则统三十二阳卦而尽其消长之变。剥长为大畜而艮体存,复长为无妄而震体存。震艮者,阳之所自终始,故合震艮而为颐。颐、大过、坎、离、咸、恒,皆乘消长之机,相摩相荡而为之枢者也。颐之错为大过。至于颐而阳卦之变止矣,则见其所隐,而大过以来。颐,阳消之极也,有位之位,皆阴处之。大过,阳处于位而阴摈矣,阴消之尤也。迭相为消,所以为变化之枢也。消则必长,失则必得,往来之机,速于响应,故颐有离象而失位,二阳旋得乎中,则为坎;大过有坎象而失位,二阴旋得乎中,则为离。颐、大过、坎、离定位于中,而阴阳消长乃不失其权衡。权衡定而阴阳渐反于均,则大过阴生于二而为咸,生于五而为恒。抑此二卦,乃坎离中爻之升降,相摩荡以复泰否之平,而特为感通以可久,则自泰否以来,消长之机一终,而阴消之卦起矣。咸、恒之错为损、益。咸、恒起遁、大壮,损、益起夬、姤,其义一也。阴阳均定,而消长生焉。咸、恒、损、益,久暂多寡之待酌者也。

遁大壮,阴于是而消矣。消则必长,晋、明夷阴长而据其中,阴进而阳伤也。其长甚则又消,家人、睽阳又长而阴反其消。明夷阳上长居九五之中而为家人,晋阳下长居九二之中而为睽,闲其伤、散其进也。阴不久消,长乎初、上而为蹇、解,其中犹家人、睽也。此四卦互相为错,捷隐捷见。盖自遁、大壮以来,阴阳衰旺之冲,不适有宁,再消再长而定之以损、益。损三之阳不复为泰以益上,益四之阳不复为否以益下,所以平其争而后阴安于消也,则夬姤可来矣。晋、明夷者,需、讼之错也。需、讼阳初起而疑,晋、明夷阴将伏而争,皆大变之机也。

夬姤,阴消之极矣,故阴愤盈而骤长,阳乃聚处而保其位于五,为萃;于二,为升。长极而渐消,阳乃渐生以得中,而终陷于阴中,为困、井。困、井杂矣。水火相贸,因困、井之巽、兑,而水贸为火,以增长乎阳,为鼎、革。阴之暴长,凡三变而始消,阴之难于消也如此。亦惟其难于消也,相持之久而终诎,故其消以定,于是而为震艮。阴虽长而体则阳,阳乃召阳以长居于中位,而为渐、归妹。渐、归妹,错综合之卦也,变之尤也。自是而丰、旅、涣、节,阴阳皆均。阴上下皆中而为丰、旅,阳上下皆中而为涣、节,四卦交错以相均。震、艮、巽、兑,四卦交错以互胜。消长迭乘,而一阴一阳之局汔成,则阴阳各相聚合以持消长之终。阳长而保阴以为中孚,阴长而含阳以为小过。中孚一离也,小过一坎也。相杂而安,则天地之化,于斯备矣。长之无可复长也,消之无可复消也,而一阴一阳尽。泰否之交,既济未济,斟酌常变,综之则总十卦消长之文,错之则兼乾坤六阳六阴之质,无有畸焉,无有缺焉。故周易者,浑成者也。

是故易有太极，无极而太极。无所不极，无可循之以为极，故曰无极。往来者，往来于十二位之中也。消长者，消长于六阴、六阳之内也。于乾坤皆备也，于六子皆备也，于泰、否、临、观、剥、复、遁、大壮、夬、姤皆备也，于八错之卦皆备也，于二十八综之卦皆备也。错之综之，两卦而一成，浑沦摩荡于太极之全；合而见其纯焉，分而见其杂焉，纯有杂而杂不失纯，孰有知其始终者乎？故曰：太极无端，阴阳无始。

为之次者，就其一往一来之经纬而言之尔。往来之序，不先震、巽而先坎、离；消长之几，不先复、姤而先泰、否。道建于中以受全体，化均于纯以生大用，非有渐也明矣。

如以渐而求之，则乾必授震，坤必授巽，乾必授姤，坤必授复。强元化以稚、老、生、死之几，而元化之始终可执，其不肖天地之法象明矣。

无待也，无留也。无待，而后卦不因前卦而有；无留，则前卦不资后卦以成。浑沦之中，随所变合，初无激昂，又何有相反？而规规然求诸名象以刻画天地，不已固乎！

二经交错，各行其化，属卦之多寡，阴阳之登耗，不相值也。故六子之属，与十二卦之属，犬牙互相函受，而无同分之畛以成断续之迹。取诸法象，则日月五纬经星之相错，旷万年而无合璧连珠之日，易亦如是而已矣。故曰："神无方而易无体。"

动静，其几之见尔；吉凶，其时之偶尔；贞淫，其象之迹尔。因而为之名，名不相沿，如鱼鸟木石之各著也。因而有其义，义不相倚，如君父刑赏之各宜也。在天有不测之神，在人有不滞之理。夫岂求秩叙于名义，以限天人之必循此以为津涂哉？故曰："序卦，非圣人之书也。"

杂卦传

夫错因向背，同资皆备之材；综尚往来，共役当时之实；会其大全而非异体，乘乎可见而无殊用。然则卦杂而德必纯，德纯而无相反之道，其亦曙矣。而杂卦之德，恒相反者，何也？道之所凝者性也，道之所行者时也；性之所承者善也，时之所承者变也；性载善而一本，道因时而万殊也。

则何以明其然邪？一阴而不善，一阳而不善，乃阳一阴一而非能善也。坚软合则熨之而不安，明暗交则和之而必疑，求与勤则施之而不忘，非能善也。其善者，则一阴一阳之道也：为主持之而不任其情，为分剂之而不极其才，乃可以相安相忘而罢其疑，于是乎随所动而皆协于善。

虽然，阴阳之外无物，则阴阳之外无道。坚软、明暗、求与，赅而存焉，其情不可矫，其才不可易也。则万殊仍乎时变，而必有其相为分背者矣。往者一时，来者一时，同往同来者一时，异往异来者一时。时亟变而道皆常，变而不失其常，而后大常贞，终古以协于一。小变而输于所委，大变而反于所冲，性丽时以行道，时因保道以成性，皆备其备，以各实其实。岂必其始之有殊心，终之无合理，而后成乎相反哉？故纯者相峙，杂者相迁，听道之运行不滞者，以各极其致，而不忧其终相背而不相通。是以君子乐观其反也。

杂统于纯,而纯非专一也。积杂共处而不忧,如水谷燥润之交养其生,生固纯矣。变不失常,而常非和会也。随变屡迁而合德,如温暑凉寒之交成乎岁,岁有常矣。杂因纯起,即杂以成纯;变合常全,奉常以处变;则相反而固会其通,无不可见之天心,无不可合之道符也。

是以乾为刚积,初则"潜"而不"飞";坤用柔成,二则"直"而不"括"。比逢乐世,"后夫"抱戚于"无号";师蹈忧危,"长子"谐心于"三锡"。未济男穷,"君子"之晖有"吉";夬刚道长,"独行"之愠"若濡"。即此以推,反者有不反者存,而非极重难回以孤行于一径矣。

反者,疑乎其不相均也,疑乎其不相济也。不相济,则难乎其一揆;不相均,则难乎其两行。其惟君子乎!知其源同之无殊流,声叶之有众响也,故乐观而利用之,以起主持分剂之大用。是以肖天地之化而无惭,备万物之诚而自乐。下此者,惊于相反而无所不疑,道之所以违,性之所以缺,其妄滋矣。规于一致,而昧于两行者,庸人也。乘乎两行,而执为一致者,妄人也。

夫君子尽性不安于小成,因时不侥其极盛。性无小成,刚柔之向背而同体;时不侥盛,忧乐之往来而递用;故道大无私,而性贞不乱。其不然者:一用其刚,一用其柔,且有一焉不刚不柔,以中刚柔而尸为妙;一见为忧,一见为乐,且有一焉不忧不乐,以避忧乐以偷其安。则异端以为缘督之经,小人以为诡随之术矣。

异端者,小人之捷径也。有庄周之"寓庸",斯有胡广之"中庸";有庄周之"至乐",斯有冯道之"长乐"。曰:"盛一时也,衰一时也。盛德必因于盛时,凉时聊安于凉德,古人之道可(及)〔反〕,而吾心之守亦可反也。吾自有所保以怙成于一德,而他奚恤哉?"怙成于消而迷其长,严光际光武而用盅;怙成于往而迷其来,许衡素夷狄而用随。其尤者:谯周卖国而自鸣其爱主,可云既济之定;张邦昌篡位而苟托于从权,且矜大过之颠。匡之以大,则云"吾循其一致";责之以正,则云"吾善其两行"。始以私利为诐行,继以猖狂为邪说,如近世李贽之流,导天下以绝灭彝性,遂致日月失其贞明,人禽毁其贞胜,岂不痛与!

天之生斯人也,道以为用,一阴一阳以为体。其用不滞,其体不偏。向背之间,相错者皆备也;往来之际,相综者皆实也。迹若相诡,性奚在而非善?势若相左,变奚往而非时?以生以死,以荣以贱,以今以古,以治以乱,无不可见之天心,无不可合之道符。是故神农、虞、夏世忽徂,而留于孤竹之心;周礼、周官道已坠,而存于东鲁之席。亦奚至惊心于险阻,以贼道于贞常也哉?

是以君子乐观其杂以学易,广矣,大矣,言乎天地之间则备矣。充天地之位,皆我性也;试天地之化,皆我时也。是故历忧患而不穷,处死生而不乱,故人极立而道术正。传曰:"苟非其人,道不虚行。"圣人赞易以竢后之君子,岂有妄哉!岂有妄哉!